U0659360

一人公司

个人品牌进阶丛书

用个人品牌实现自由人生

王艺霖——著

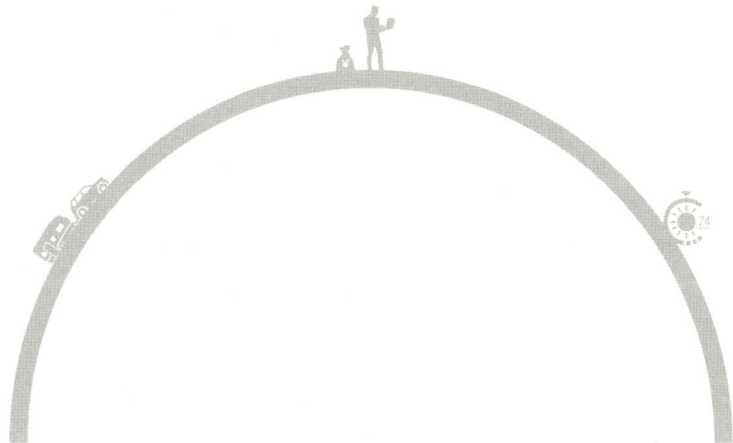

清华大学出版社

北京

本书封面贴有清华大学出版社防伪标签，无标签者不得销售。

版权所有，侵权必究。举报：010-62782989，beiqinquan@tup.tsinghua.edu.cn。

图书在版编目（CIP）数据

一人公司 : 用个人品牌实现自由人生 / 王艺霖著 .
北京 : 清华大学出版社 , 2025. 3.（2025.10重印）
（个人品牌进阶丛书）. -- ISBN 978-7-302-68734-4

Ⅰ. F272

中国国家版本馆 CIP 数据核字第 20251AK494 号

责任编辑：顾　强
封面设计：何金刚
版式设计：方加青
责任校对：王荣静
责任印制：丛怀宇

出版发行：清华大学出版社
　　　　　网　　　址：https://www.tup.com.cn，https://www.wqxuetang.com
　　　　　地　　　址：北京清华大学学研大厦 A 座　　　邮　　编：100084
　　　　　社 总 机：010-83470000　　　　　　　　邮　　购：010-62786544
　　　　　投稿与读者服务：010-62776969，c-service@tup.tsinghua.edu.cn
　　　　　质 量 反 馈：010-62772015，zhiliang@tup.tsinghua.edu.cn
印 装 者：三河市东方印刷有限公司
经　　销：全国新华书店
开　　本：148mm×210mm　　　印　　张：9.125　　　字　　数：215 千字
版　　次：2025 年 5 月第 1 版　　　印　　次：2025 年10月第 4 次印刷
定　　价：68.00 元

产品编号：106051-02

前言
用一人公司实现更自由的生活方式

一个本科学动物生物技术专业的女生，职业经历从外企人力资源管理到国企银行客户经理，从新西兰留学顾问到新西兰本地品牌营销经理，后来又把副业"人生教练"变成了主业，成为一名个人品牌商业教练。在毕业十年里跨行五次，我一直在探索自己的职业定位，却未曾料到我从一个追求稳定的职业人士，逐渐转变为拥抱变化、热衷于创新和个人成长的一人公司创业者。我的旅程并非一帆风顺，而是经历了无数的挑战、不同的尝试和自我怀疑。正是这些经历，让我对工作、生活和创业有了全新的理解。本书的创作，源于我个人的探索和实践，以及我对未来工作和生活方式的洞察。

22岁出国留学的我，以为毕业后会去大城市知名外企做一名高级白领。穿着高跟鞋和漂亮的职业套装，昂首挺胸地走在干净明亮的写字楼里，那曾是我读大学时最向往的职业生活的样子。

23岁在大城市工作的我，如愿成为一名外企员工，却发现自己如此渺小，看不见职业发展的未来，所领的薪水远远无法让我在大城市里安家落户。当我开始习惯每天4小时的通勤时间、随便靠外卖填饱肚子、回到家就躺床上刷手机的日子，我发现自己活成了一个麻木的工具人，毫无生活质量。这不是我想要的，于是，我放弃了大城市的白领梦，选择裸辞回到了五线城市的家乡，考进了一家国企银行。我以为从此便会过着"钱多事少离家近"的闲散生活，于是计划早早结婚生子安顿下来。

25岁，我和同事谈恋爱，拥有了一段稳定的关系，工作也快速上手，备受领导器重。可是，我发现自己不喜欢复杂的人际关系和应酬，也忍受不了大量的加班、开会、培训。这时候我才发现，我一直向往的工作生活方式，都是外界赋予我的期望和社会标准下的成功模板，而不是我内心真正想要的。即便在别人看来我已经有一份非常好的工作，但我依然感到不幸福。

我开始意识到，在我过去二十多年受教育和初入职场的成长过程中，我从来没有真正思考过：我的价值到底是什么？我生命的意义是什么？抛开外界的期望，我到底想要成为谁？真正能让我感到幸福的生活到底是什么样的？是否有一种方式，既能实现职业的成功，又能保持生活的自由和灵活？

为了找到答案，我27岁的时候选择和伴侣一起裸辞出国，放弃过去的工作履历、学历背景、人脉资源，一切从零开始，去探索职业和生活的更多可能性。在新西兰工作之余，我尝试了十几项副业，见识到了许多与众不同的生活方式，遇到了各行各业的一人公司创业者。他们用自己的才华和激情，创造了独一无二的事业，并且过着自己喜欢的、丰富多彩的生活。这种带着松弛感、做着热爱的事情赚钱，并且可以享受自由的生活方式，深深吸引了我。在我学习人生教练和给客户做一对一教练的过程中，我发现还有一群人，他们和曾经的我一样，挣扎在不喜欢的工作和看不见未来的职业道路上，非常迷茫、焦虑。我开始思考，为什么有的人可以实现用热爱给自己创造一份事业，有的人却不可以？

32 岁，为了实现我向往的自由人生，为了探索一条用热爱给自己创造一项事业的路径，我开始利用自己的专长和兴趣，尝试一人公司线上创业。不到两年的时间里，我实现了一人公司年入百万。在此过程中，我深深体会到了创业的艰辛，同时也享受到了前所未有的成就感和自由。我的伴侣也成了一名一人公司的创业者，在家里我们两人分别有一间属于自己的办公室，白天互不打扰，做着各自的工作，偶尔说走就走去海边散步，晚上一起宅在家里追剧，工作日随时可以来一场错峰旅行。我发现，当我们将工作和生活融为一体，追求的不再只是物质上的成功，更有内心的充实和成长时，工作便成了一种生活的艺术。

2023 年，在帮助了一百多位专业人士打造个人品牌之后，我收到了清华大学出版社的邀约，出版了第一本书《个人品牌打造：从 0 到 1 低成本创业》，我把自己的品牌营销经验和实战落地技巧总结成一套适合每个人用知识技能盈利的方法，这本书得到了很多读者的好评。

2023 年底，我在公众号上写了一篇文章《年入百万的一人公司是未来的趋势》，不到 7 天阅读量就破了 10 万人次，这也让我开始想要把自己实践经验总结成普通人可以复制的方法分享给大家，让更多人知道如何设计自己的一人公司商业模式。

这本书不仅是我个人经历的总结，也是我对未来工作方式的一种设想。我坚信，在未来，随着技术的发展和个体意识的觉醒，越来越多的人将选择一人公司这样小而美、灵活自由的创业方式去实现自我价值。在这本书里我分享了从建立个人品牌到发展和管理一人公司的全过程，以及我对于实现职业自由、财务独立和个人价值最大化的理解和实施策略。

我希望这本书能够激发每一位读者进行思考，无论你现在处于什么职业状态，都有可能通过自己的努力，找到真正适合自己的生活和工作方式。**人生只有一种成功，就是按照自己喜欢的方式过一生。**

目录

第一章　一人公司新浪潮

第二章　探索期：找到你的个人商业定位

第三章　成长期：萃取你的知识、技能、经验

第四章　聚焦期：创造你的高客单价产品

第五章　发展期：设计你的私域营销闭环

第六章　稳定期：搭建你的品牌运营系统

第七章　合作期：打造自运转的生态组织

后记

第一章

一人公司
新浪潮

随着互联网和数字技术的迅猛发展，越来越多的人选择一人公司这种创业模式。第一章介绍了一人公司的概念、发展背景和兴起原因，探讨了这种新型企业形态如何为个体提供前所未有的自由度和创新空间。本章旨在为读者揭示一人公司背后的巨大潜力，以及如何利用这一趋势实现个人职业的转型和升级。

1.1　个人新商业的时代已经到来

1.1.1　从传统公司到一人公司的时代转变

21 世纪，我们见证了一场关于工作和商业模式的革命。传统的公司模式通常具有庞大的规模、复杂的组织结构和层级管理系统，长期以来一直是经济增长和就业的主要推动力。然而，随着技术的快速发展和全球化的深入，一个新的商业时代正在形成，这个新的商业时代就是个人商业时代。个人商业，特指由个体创办和运营的商业实体。

当下，随着人工智能的发展，一项具有革命意义的变化正在悄然发生：从传统公司向个人商业的转变。这一转变的背后，不仅是技术的演进，更是社会价值观和个人追求的巨大转变。

想象一下，在过去大多数人的眼里，让人羡慕的、标准的成功职业的轨迹是什么样的？大多数人可能这样回答：在一家知名大公司工作，逐步攀升职位阶梯，最终获得一个安稳的高层职位，享受着企业为你提供的各种福利和保障。

大型知名企业的光环一直是很多优秀人才所追求的，但传统企业多层级的组织发展架构、严格的管理晋升体系、复杂的人际关系、细分的岗位要求……也给很多人带来职业发展上的障碍。例如，繁重的工作压力和长时间的加班，工作的重复性和技能的单一，晋升困难，工作生活失衡，等等。

此外，经济不景气，加之科技的快速发展，有许多这样获取职业成功的人遭遇了中年职业危机，工作多年突然失业，才发现自己离开平台没有一技之长，很难再赚到和之前一样的收入。随着互联网移动办公新时代的到来，在大公司里升职加薪的个人发展路径对许多人来说已经不再有吸引力，甚至成了一种暗藏风险的职业路径。

在今天，一种全新的工作和生活方式——个人商业，也称"一人公司"正在兴起。我把"一人公司"定义为：一种能让你通过实践、实验和迭代来创造自己理想生活方式的商业模式；一种用技能、兴趣和与你同频的人来创造创意收入来源的工作方式。简而言之，**"一人公司"既可以是一种商业模式，也可以理解为一种创意的工作方式。**

一人公司不仅是一种企业形态的变革，更是顺应时代的一种生活哲学的体现。在一人公司的世界里，你是自己命运的主宰，你的职业生涯不再取决于某位上司的评价，或是公司的年度业绩。通过一人公司创业，每一个人都可以成为自己梦想的创造者，并且可以实现一种自由的生活方式——做得更少，赚得更多，享受生活。

（1）一人公司兴起的因素

一人公司的兴起，得益于很多因素的涌现。如图 1-1 所示。

首先，一人公司是数字化时代技术快速发展的产物。互联网、人工智能、社交媒体、云计算、移动支付……这些现在我们习以为常的技术，在不久的过去还是新鲜事物。它们就像一根根魔法棒，为个人创业者开辟了一片广阔的天地。在这个数字化的舞台上，个体的力量和价值被无限放大。一个人，配备一台电脑，连上互联网，就可以创造出影响全球的产品或服务。越来越多的人开始通过互联网拓展自己的收入渠道。

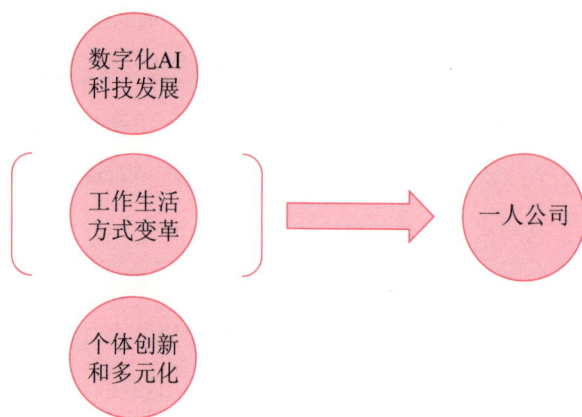

图 1-1　一人公司兴起的因素

其次，一人公司是一场关于工作和生活方式的革命。过去几年，许多人经历了生命的无常和脆弱，更多的人开始追求工作与生活的平衡，他们不再满足于为了生计而工作，而是希望通过工作实现身心的成长，提升自己的生活质量。一人公司成为他们实现这一目标的理想选择。在一人公司的模式下，工作不再是生活的对立面，而是挖掘个人热爱和实现自我价值的途径，它允许个体在追求经济利益的同时，也追求个人的成长和满足。

最后，一人公司最吸引人的就是自由。这种自由不仅体现在可以自己决定工作时间和地点，更重要的是，可以自由地选择自己的工作内容和方向。这是一种从内而外的自由，让人们可以按照自己的价值观和兴趣去生活和工作。喜欢写作？你可以成为自由作家，为世界各地的杂志和网站撰稿。对摄影充满热情？你可以通过网络平台销售你的艺术作品，或者为企业和个人提供摄影服务。热爱编程？你可以独立开发软件或应用程序，将你的创意变为现实。在一人公司的模式下，几乎每一种兴趣和技能都可以变成职业。

在这种工作模式下，你的工作不再是生活中的一部分，而是生活本身。你的职业成就，你的工作内容，就是你自己。个体的力量被重新定义，创造力和创新成为核心竞争力。一人公司不仅是一种经济活动，更是一种多元化的文化现象，反映了当代人对工作、生活和自我实现的全新理解。它挑战了传统的商业模式，鼓励个体追求独立和自主的职业生涯。在一人公司的世界里，每个人都是自己故事的作者，每个人都在用自己的方式定义成功。

（2）一人公司面临的挑战

听起来是不是非常吸引人？但是，一人公司背后也面临着很多的不确定性和挑战。

作为一人公司的创业者，你需要面对市场的波动、客户需求的变化，甚至是技术的更新换代。这种不确定性要求一人公司的创业者必须具备强大的适应能力和抗压能力。与此同时，孤独也是一人公司创业者经常面临的问题。当你是团队中唯一的成员时，所有的压力和责任都落在了你的肩上。同时，一人公司的创业者需要具备多方面的技能，不仅是专业的核心技能，还包括市场营销、客户服务、财务管理、运营策划等。在经营一人公司的过程中，你不仅是在做生意，更是在经营自己、塑造自己。每一个成功的一人公司背后，都有一个敢于冒险、不断学习和自我提升的故事。

　　此外，一人公司在商业模式上也是一种全新的挑战。一人公司没有传统组织架构的系统管理和庞大的资源体系，虽然具有灵活性，但也有局限性，它所服务的客户体量、创造的经济效益远远无法与传统企业抗衡。因此，一人公司通常受限于某些特定的行业和商业模式，不同于传统创业的目标是融资和上市，一人公司创业的营收天花板较低，商业模式比较单一，更适合普通人把它当作一种极简轻创业的方式，目标是用自己的知识技能或资源优势，借力自媒体杠杆去创造比打工更高的收入和更灵活自由的生活方式。

（3）一个新时代的到来

　　2024 年对很多人来说似乎是异常艰难的一年，各行各业的创业者也都艰难维持……很多人不是主动选择了自由人生，而是被迫开启了自由人生的探索，因为再也没有稳定的职业发展路径了，大家都不得不开始探索副业或者更多低成本创业的可能性。很多人到这时候才意识到，打造个人品牌的重要性，发现自己脱离了平台就失去了变现的资源和能力，后悔没有尽早开启副业。

　　在人们精神压力越来越大的时候，疗愈经济大爆发，人们的意识开始觉醒，认识到活着不只是为了赚钱，更是为了健康幸福的生活，越来越多人开始关注自己的情绪和身心健康，选择降低消费和物欲的极简生活。

　　一人公司也在这样的大环境下受到了越来越多的关注，它的兴起代表了一个新时代的到来。在这个时代中，个体的价值和创造力被放在了前所未有的重要位置。而传统的组织想要吸引优秀的人才，也要在追求经济收益之外，更加关注个体的成长和发展。

　　一人公司的崛起是对传统商业模式的挑战，也是对个人创业精神的激励，在这一模式下，每个人都有机会成为创新者和变革者。通过一人公司，个体可以将自己的梦想转化为现实，将自己的热情转化为职业。创业者不只是在经营一家公司，更是在经营自己的生活。他们通过自己的工作来表达个人的价值观，实现自我成长。这种工作方式使得工作不再是一种负担，而是一种享受，是一种对生活的热爱。一人公司不仅是一种经济实体，更是一种实现自我价值、追求梦想的方式，它是人们自我探索和觉醒的产物。

1.1.2　AI 给普通人带来的职业挑战和机遇

在人工智能（AI）驱动的新时代，我们正处于历史的重要转折点。AI 的兴起不仅预示着技术的飞速发展，更标志着我们的工作和生活方式发生了根本性变革。这一变革同时带来了挑战和机遇，尤其对于普通人而言，AI 在为我们的工作带来便利的同时，也在不断重塑着我们职业的未来。

（1）AI 带来的职业挑战

我们不得不面对的一个现实是 AI 的快速发展可能导致许多传统职业被自动化替代。从制造业到服务业，从数据处理到复杂的决策制定，AI 的应用范围日益扩大。这种高效和成本优势使得一些岗位面临着被机器取代的风险。不只是那些机械重复的工作，甚至一些需要创造力和分析力的工作也可能受到冲击，如图形设计、数据分析、财务规划等。对于许多人来说，这是一个不容忽视的职业生存问题。经济的衰退、行业的裁员、AI 技术的变革，这些都让我们不得不思考：如果现有的职业突然消失，我还有什么可以依靠？

一劳永逸的铁饭碗恐怕再也不存在了，在这个时代，人们不应该去追求光鲜亮丽的职业头衔，而应该积累自己的核心技能。**掌握多少技能，比从事什么职业更重要**。现在这个市场上，很多人的职业是自己创造出来的，就像我给自己创造了"个人品牌商业教练"的职业一样。相比于寻找一份稳定的职业，AI 的快速发展让越来越多的人给自己创造一份全新的职业。

普通人要想不被 AI 取代，不仅需要不断地学习新的知识和技能，保持对技术趋势的敏锐洞察力，还需要学会如何将 AI 作为一种工具来使用，而不是将其视为对手。未来被淘汰的不只是被 AI 取代的工种，还有不会使用 AI 工具的人。AI 将像电脑和智能手机一样，成为人们工作生活中不可或缺的工具。

在 AI 的帮助下，企业员工可以将更多的时间和精力投入到创新市场策略、客户关系管理等"以人为本"的领域，而不是那些可以被自动化的日常任务。在 AI 驱动的世界里，那些无法被机器轻易复制的技能变得尤为珍贵。创新能力、情感理解、人际交往能力等成了未来职场的重要资产。这给我们普通人带来了重要启示：在 AI 的帮助下，我们需要更加专注和发展那些机器难以替代的独特技能和个人特质。这也意味着个人品牌变得愈加重要，个性特征是 AI 无法取代的核心竞争力，未来创业者想要脱颖而出，更加需要通过个人品牌放大自己的个性和价值观念。

AI 的崛起带来的不仅是技术层面的挑战，更有对个体心理和情感的考验。在这个由机器和算法主导的新世界里，个体可能感到前所未有的孤独和焦虑。创业者不仅要面对商业上的挑战，还要应对内心的不确定性和恐惧。每一个人都需要学会如何在高度自动化和技术驱动的环境中保持自我，学会敏锐地感受和觉察自己内心的情感需求，学会在机器智能的辅助下保持自己的独特性和创造力。

（2）AI 带来的新机遇

AI 的崛起也为个体创业和一人公司模式的发展提供了新的机遇。AI 可以成为个人创业者的强大助手，帮助个体创业者处理大量数据、提高工作效率，甚至可以辅助其做出更精准的商业决策。对于愿意拥抱新技术、学习新技能的人来说，AI 不是威胁，而是一个有力的工具。它可以帮助更多普通人以低成本开启一人公司的创业之路，让一人公司的创业者在市场上获得竞争优势，更快地适应市场的变化，发掘新的商业机会。

例如，现在已经有很多公司利用 AI 来撰写文案脚本、制作广告图片，甚至替代人工客服，还有一些公司已经开始使用数字人直播替代真人直播。这不仅更高效便捷，也极大地降低了人力成本。自媒体博主是一人公司的典型代表，他们利用 AI 来拓展自己的创作思路，撰写制作方案，不仅节省了创作时间，还可以通过 AI 提供的信息资料来丰富拓展选题内容，更好地分析自媒体运营数据。

我也利用 ChatGPT 打造了 AI Alina 的智能体（如图 1-2），把我的课程、书籍、公众号文章、产品介绍等全部上传到了 AI 知识库里，给自己定制了一个拥有我的知识体系并且深入了解我的个人经历故事的 AI 助理。它可以根据我的个人经历和产品定位来帮助创作一些内容和方案。除此之外，我还尝试在智谱清言上打造了一个拥有我的课程和书籍知识的 AI 智能体"AI 霖子"，把它分享给我的学员们，他们若有一些基础的有关个人品牌打造的问题都可以直接和 AI 对话来获得答案。

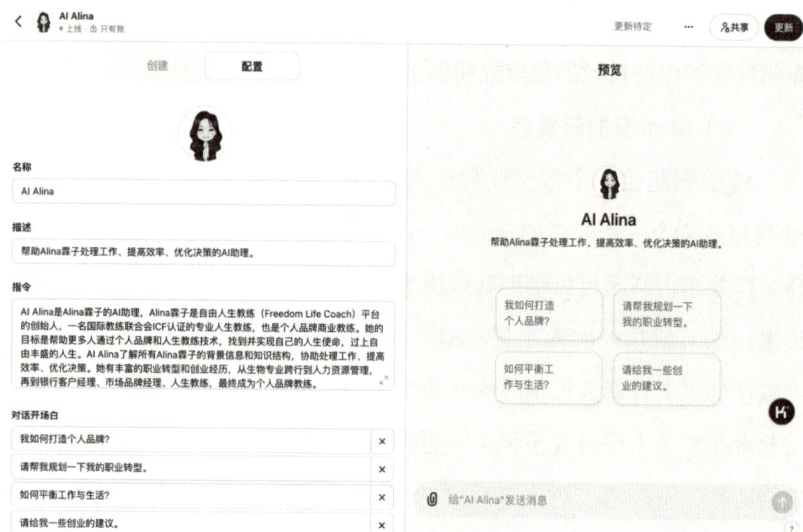

图 1-2　我的 AI 助理

　　能够熟练地学习和使用 AI 将成为人们技能水平和效率产出的分水岭，每个人都需要成为终身学习者，不断更新自己的知识库，学习新的技术和管理技能，同时也需要培养对复杂问题的深入理解和批判性思考能力。尤其对于创业者而言，他们既是技术的使用者，也是商业的策略家，更是社会的参与者，需要更快地学习和适应能力。

　　未来 AI 会继续以惊人的速度发展，不断重塑我们的工作和生活。这意味着无尽的挑战，也伴随着无限的机遇。通过有效地利用 AI 技术，我们可以打造更高效、更个性化的产品或服务，更快地适应市场变化，探索全新的商业模式。在 AI 的辅助下，每个个体都可以将自己独特的知识技能和生活经验转变成一个强大的、有影响力的商业实体。

　　总之，AI 给普通人带来的职业挑战是复杂且多维的，既是技术上的挑战，更是思维方式、心理调适、伦理责任上的挑战。这是一个重新定义自己的时代，一个发掘新机遇、应对新挑战的时代。在这个充满变化的新时代里，唯有不断学习、不断适应、不断创新，才能在 AI 的浪潮中站稳脚跟，抓住属于自己的职业机遇。

1.1.3　自由职业、数字游民和一人公司的区别

在人类自我意识觉醒、越来越追求精神满足的时代，人们开始重新思考什么是职业、什么是成功。金钱、权力、地位不再是衡量职业成功的统一标准，越来越多的人开始追求对天赋和热爱的探索，希望可以做自己喜欢的事情，过上内心丰盛富足的生活。一人公司之所以出现，正是因为它实现了普通人发挥自身天赋优势去创造自己喜欢的事业和生活方式的梦想。

其实一人公司在海外是很常见的，也就是一人工作室的商业形态，绝大多数海外的一人公司创业者会创建自己的个人网站，介绍自己的履历背景和产品服务，用电子邮件和自媒体平台来推广营销。但在国内，自由职业、数字游民和一人公司的浪潮才刚刚开启，很多人分不清楚它们之间的区别。

自由职业者（freelancer），是独立工作的专业人士，通常为多个客户提供特定的服务，不受雇于任何一家企业，而是以合同或项目为基础开展工作。自由职业者可以通过多种技能或渠道变现，而不是只服务一家公司或者只提供某个产品或服务。比如，一名自由职业者如果既会做自媒体，还会编程、写作、翻译、插画，那么这些工作他可以同时去做，同时提供服务去赚钱。

海外比较知名的自由职业者平台如 Fiverr，就是为自由职业者和雇主提供一个联系和合作的桥梁，由自由职业者上传自己的个人简介和可

提供的服务包，自行为自己的不同服务包定价，列出服务内容、交付时间等信息，然后雇主通过搜索所需的服务，浏览不同自由职业者提供的信息而选择合适的服务包下单。而另一个平台 Upwork 是由雇主在平台上发布详细的项目需求，包括工作内容、预算和时间表，自由职业者浏览项目并提交提案，阐述他们的技能、经验和报价，再由雇主浏览提案，与感兴趣的自由职业者进行沟通，最终选择合适的合作者。

数字游民（digital nomad），和自由职业者的区别是数字游民强调线上办公，可以在世界各地旅行和生活，同时完成工作任务。数字游民既可以受雇于一家支持远程办公的企业，也可以是一名自由职业者或者自主创业者。只要可以实现时间、地点自由灵活的办公状态，都可以称为数字游民。

一人公司（solopreneur）是由一个人独立经营和管理的企业，这些企业主既是老板也是员工，负责所有的业务运营和决策。和前两者的区别是，一人公司首先是注册的商业主体，需要根据主营业务范围办理营业执照，并且要有自己核心的产品体系和完整的商业模式，有可持续的营收。

绝大多数自由职业者和数字游民并没有形成自己完整的商业模式，多通过提供短期技能服务或独立的项目合作来赚钱，无法形成可持续的商业闭环。所以在我看来这并不是一种良性的工作形态。想要可持续地获得灵活自由的生活工作方式，不用总是为收入而担忧，还是需要以创业者的思路来设计自己的一人公司，建立起一个可以持续稳定赚钱的系统。因此，本书主要分享的是一人公司的创业实践方法。

一人公司创业，你既是创造者，也是决策者，更是实践者。你可以完全掌控自己的事业方向，你的业务可以是基于网络的服务，可以是线上教育，可以是数字内容的创作，或是任何其他的形式。关键在于这一切都建立在你的兴趣、技能和对市场的理解的基础上，去建立一个自己的商业闭环系统。

在一人公司的职业形态下，再也没有"怀才不遇"。只要你对自己的能力有深刻的了解，对市场有敏锐的洞察，在自己擅长的领域找到一个市场缺口，然后用你的独特技能去填补这个缺口，你都可以实现知识技能的商业变现，去创造一份属于自己的事业。

然而，一人公司想要可持续地发展下去，仅靠热情和专业是不够的，还需要创业者具备市场敏锐度和商业营销能力，需要创业者在不断变化的市场中找准自己的定位，并且根据市场反馈不断调整和优化自己的业务策略。此外，如何吸引和留存住客户是一人公司成功的关键。因为资源和人力有限，一人公司需要提供超出客户预期的个性化服务，来打败传统企业的标准化服务。一人公司的创业者还必须打造自己的个人品牌，通过社交媒体塑造个人的独特价值，从而吸引到精准的客户。

总之，一人公司为普通人提供了一个创造属于自己事业的机会，但它也意味着我们要拥抱不确定性，提升自己的综合能力，打造属于自己的个人品牌。

1.2　从超级个体到青色组织

1.2.1　超级个体崛起对传统组织的影响

在探讨一人公司和个体创业的新趋势时，不得不提的是超级个体的崛起，以及他们对传统组织的影响。超级个体，这个词汇描述的是那些具备卓越技能、强大创新能力并能独立运营、具备一定个人影响力和粉丝数的个体。他们通过网络、社交媒体和各种数字工具，打破地理和组织的界限，自由地在全球范围内展示自己的才华和创意。超级个体的崛起不仅改变了个人的工作和生活方式，也对传统的组织结构和运营模式产生了重大影响。

首先，超级个体的崛起挑战了传统组织的人才管理和工作分配方式。在传统的组织结构中，人才往往被限制在固定的岗位和角色中，企业采取"因岗设人"的管理方法，员工的创造力和潜能未必能得到充分的发挥。超级个体则完全不同，他们可以通过自主选择项目和工作方式，最大限度地发挥自己的能力和创造力，通过网络分享自己的技能专长，快速积累粉丝量和关注度，把个人优势发挥到极致。当越来越多的人通过打造自己的个人品牌影响力而成为超级个体，用自己擅长、喜欢的方式来谋生时，很多人开始质疑传统组织的效率和激励机制，不愿意成为流水线上的一颗螺丝钉，这也促使企业开始思考如何更好地激发员工的创造力和自主性，从而提高员工的满意度和稳定性。一些企业对有很大影响力的超级个体员工，开始考虑以合作的方式来定性两者之间的关系，而不再是传统的上下级式的雇佣关系，因此"因人定岗"的管理方式开始逐渐被采用。

其次，超级个体灵活自由、追求个性化和高效敏捷的工作方式打破了传统企业的统一固定和流程化的管理风格。传统组织通常依赖固定的办公地点和工作时间，而超级个体能够在任何时间、任何地点工作，与这种灵活性和高效率相比，传统组织的工作模式显得笨重和落后。在传统组织中，工作通常是按照固定的流程和标准进行的，而超级个体倾向于自定义自己的工作方式和流程，只要能达成最后的结果就行。例如，活跃在各大自媒体平台上的关键意见领袖（Key Opinion Leader，KOL），他们服务于不同的品牌方，帮助这些品牌在自媒体上发布内容，进行产品推广，但他们拥有内容创作的自主权，可以按照自己的个性化风格达到品牌宣传的目的。超级个体重视自由、创新和个人成长，这种价值观与传统组织强调的稳定性、效率和团队合作有所不同。为了保持竞争力，传统组织必须开始思考如何整合远程工作、灵活工时、敏捷合作等新模式，以适应这种变化，从而吸引更多全球化的高端人才，打破地理限制的壁垒，降低人才成本。

最后，超级个体具有很大的个人影响力，而这种影响力甚至可能超越了就职企业的影响力，消费者追随的不再是企业，而是超级个体的人格魅力。以超级个体的影响力来赋能企业的业绩增长，这种方式的成功，一方面可以让企业快速打开市场、提升消费者对品牌的信心；另一方面，也可能让企业失去对品牌口碑和客户黏性的把控，因而带来难以预料的风险。因此，对于企业创始人要不要打造个人品牌这一议题，大家各持己见。不可否认的是，有越来越多的企业创始人开始打造自己的创始人品牌，如小米的雷军和360的周鸿祎，他们都以短视频和直播的形式活跃在各个自媒体平台，希望通过创始人的个人品牌和人格魅力来带动企业的发展。打造个人品牌，成为超级个体弯道超车、实现个人职业发展的一条路径，也成为很多企业创始人促进企业业绩增长和稳定发展不得不采取的一种营销手段。

总之，超级个体的崛起不仅是个人工作和生活方式的变革，更是对传统组织结构和运营模式的挑战。这种挑战促使传统组织重新思考自己的人才管理、工作模式、组织文化和市场策略。在这一过程中，传统组织可以从超级个体那里学到很多，包括如何激发创造力、如何提高工作效率、如何更好地适应市场变化等。

1.2.2 为何年轻人都不想上班

千禧一代（Millennials），又称为 Y 世代，通常指的是出生于 1981 年到 1995 年的人群。这一代人成长在一个信息爆炸、技术迅猛发展的时代，他们是互联网、社交媒体和移动通信技术兴起的见证者和早期使用者。

Z 时代（Generation Z），也常被称为"Z 世代"或"Gen Z"，指的是在千禧一代之后出生的人群，大致是出生于 1995 年到 2009 年之间的一代人。Z 时代是真正的数字"原住民"，他们从小就生活在互联网、智能手机和社交媒体等高度发达的数字技术环境中，他们在一个更加多元化和全球化的环境中长大，物质生活水平更高，更加追求精神的满足和生活方式的自由度。

在超级个体崛起的时代，我们也正在目睹千禧一代和 Z 时代的年轻人对工作方式和职业选择的革命：越来越多的年轻人选择不按传统的方式工作，而是倾向于自主创业或加入自由职业者、数字游民的行列。这一趋势揭示了当前职场环境的转变，以及年轻一代对待工作和生活方式的价值观。

（1）灵活性与自由度

与以往的代际相比，千禧一代和 Z 时代的人更加重视生活和工作的灵活性与自由度。

传统的朝九晚五的工作模式对于许多年轻人来说，已经不再具有吸引力。这种模式往往与僵硬的工作环境、上下级之间的严格界限，以及缺乏创造性和自主性的工作内容联系在一起。相比之下，年轻一代更加渴望工作自由、创造性和个人成长的机会。他们希望能够掌握自己的时间，将工作与个人兴趣和生活方式相结合，从而实现工作和生活的平衡。

技术的进步和数字化工具的普及为千禧一代和Z时代的人提供了更多的选择和可能性。互联网、社交媒体和各种在线平台打破了传统工作模式的界限，使远程工作、灵活工时成为可能。这些技术工具不仅使年轻人可以在任何地点工作，还为他们提供了展示才能和创造性的平台。

（2）意义与价值

千禧一代和Z时代的人对于职业发展的看法也与过去有所不同。他们在物质条件较好的环境中长大，更加重视工作的意义和目的，而不只关心工作的收入和稳定性。这意味着他们倾向于选择符合自己价值观和兴趣爱好的工作，而不是那些提供经济保障的职位。

千禧一代重视工作与生活的平衡，他们倾向于选择能够提供灵活性和个人成长机会的职业，是价值观驱动型的工作者，他们通常在意义和使命感的驱动下工作。Z时代的人追求快速发展和即时回报，他们崇尚创新和自我表达。在职业选择上，他们更看重个人发展和创新好玩的机会。

（3）多元化与自主性

当前的经济环境和就业市场对年轻人的职业选择产生了影响。在许多行业中，传统的职业路径变得越来越不确定，而一人公司为年轻人提供了一种更具灵活性和自主性的职业选择。对于许多年轻人来说，这种选择不仅能够带来职业上的满足感，也能够提供更多的个人发展机会。

此外，年轻一代所接受的教育和所处的文化背景也在某种程度上促成了他们对传统工作模式的排斥。他们在一个更加开放和多元的社会环境中成长，受到了不同文化的影响，对于自我表达和自由生活有着不同的理解。这使得他们更愿意探索新的工作方式，而不是遵循传统的职业路径。

一人公司或自主创业提供了这样的机会，使年轻一代可以追求个人梦想并实现自我价值。他们可以自由灵活地发挥自己的创意，打破传统职场文化和层级制度的束缚，实现自主的工作生活方式。

总之，年轻人不想上班的现象是多方面因素共同作用的结果。这反映了当代社会和经济环境的变化，以及年轻一代对于工作和生活方式的新理解。

1.2.3　去中心化的青色组织梦想

弗雷德里克·拉鲁（Frederic Laloux）在《重塑组织：未来组织的新模式》一书中提出了"青色组织"这种新型组织结构，拉鲁将组织的发展分为五个阶段，分别是红色（冲动）、琥珀色（传统）、橙色（成就）、绿色（人本）和青色（进化），如表1-1所示。

表1-1　不同组织的特征

阶段	颜色	含　义	主要特征	领导方式	组织结构
冲动	红色	基于权力和恐惧，缺乏结构化管理	强权集中；短视且反应式；强调权力和恐惧	霸权式；领导者是绝对权威	严格的等级制度；松散和非正式的结构
传统	琥珀色	等级制度和角色分明，强调稳定和秩序	稳定和秩序；角色和规则明确；等级和等级制度	官僚式；规则和程序支配	层级结构；规则和程序决定一切

续表

阶段	颜色	含 义	主要特征	领导方式	组织结构
成就	橙色	成果导向，追求创新和效率	追求成功和目标；创新和成效；竞争和挑战	目标导向；成效和结果导向	功能分化；更灵活的层级结构
人本	绿色	关注人本价值和员工福祉，推动团队合作	价值和文化导向；员工参与；社区和合作精神	民主式；通过共识做决策；强调协作和共识	扁平化结构；更多的团队协作；多元化决策
进化	青色	自我管理和整体性，注重组织的生命和进化	自我管理；整体性；进化意识	服务型；引导而非控制；强调员工自主	网络化结构；灵活和自适应；分散决策权

从红色到青色，我们可以看到组织从传统的、以权威为中心的模式，转变为更加灵活、人本和自我管理的模式。这些阶段不仅描绘了组织的演变过程，也反映了社会和工作环境的变化趋势。

青色组织的核心理念是模仿自然生态系统的灵活性和适应性，创建一个动态、有机和协同的工作环境。在青色组织中，传统的层级结构被较为扁平化的管理模式所取代，决策权、责任和权利被广泛分散给组织的每位成员。

青色组织的特点在于去中心化的结构和自组织的工作方式。在这种组织中，员工具有高度的自主性和决策能力。他们被鼓励根据个人的专长和兴趣自主选择工作内容和方式，同时也参与到组织决策中。这种模式有助于员工发挥出最大的潜能和创造力，同时也增强了他们对工作的参与感和归属感。

（1）青色组织为何受到年轻人的青睐

去中心化的青色组织为何受到年轻人的青睐？原因有四点。

首先，青色组织的组织模式提供了极大的灵活性和自主性，这与年轻一代追求自我实现和个性化表达的价值观高度契合。年轻人希望在工作中不仅实现自身价值，也有更多的空间去探索和发展个人兴趣。

其次，青色组织的协作和开放文化吸引着年轻人。这种组织鼓励跨领域合作，打破传统部门间的界限，促进知识和想法的自由流动。在这样的环境中，年轻人更容易接触到多样化的观点和技能，激发创新灵感，同时也能更快地成长和进步。

再次，青色组织的透明性和平等性符合年轻一代的期待。在这样的组织中，信息不再是少数人的专属，而是对所有成员开放。每个人都能参与重要决策的制定，这种包容性和平等性使得员工感到自己的意见被重视，增强了对组织的认同感。

最后，青色组织对个人成长和发展的重视是吸引年轻人的重要因素。这种组织不仅关注业务成果，更重视员工个人的发展。员工被鼓励不断学习新技能，激发个人的潜力，实现个人职业生涯的多元化发展。

去中心化的青色组织以独特的管理模式和文化特点，符合了当代年轻一代的工作和生活期待，也成为很多年轻人梦想的工作方式。青色组织为年轻人提供了一个充满挑战、富有创造性和个性化的工作环境，使他们在实现自我价值的同时，也为组织的发展作出贡献。可以预见，未来的工作环境将更加灵活、开放和富有创新。

在中国，已经涌现出一些非常受欢迎的数字游民社区，我的不少学员去过不同的数字游民社区。根据我的学员君君提供的信息，浙江安吉的 DNA 数字游民公社、DN 余村正是依据青色组织的理念在运行。来自全国各地的数字游民共同生活在一个社区里，他们共享办公空间，像大学宿舍一样合租，日常会根据各自的兴趣特长自发地组织各种有趣的活动，如徒步、冥想、疗愈工作坊、人工智能（AI）培训等，既丰富了社区的生态，也在平等的交流和思维碰撞中有了新的创业合作机遇。还有一些乡村社区以共建共享的方式开启商业化。例如，杭州的青山青年社·里三畔，原为青山村的幼儿园，2021 年完成改造正式对外开放，成为村里一个共同居住、共同办公的青年社区空间。除此之外，这些数字游民社区也鼓励周边的村民将闲置的房子利用起来，做餐饮或住宿业务。

去中心化的青色理念正以不同的形态进入人们的视野，并受到越来越多人的喜爱。在我创立的自由人生教练平台上，也在尝试以去中心化的方式开展线上活动。例如，我会邀请善于做视觉设计的学员带领大家做海报设计打卡营，邀请每天早晨 5 点起床练八段锦的学员带领大家晨起锻炼，每个月还会邀请一位学员带领大家开展一场共创会，提供一个让每个人都可以展示自己兴趣和特长的舞台，激发大家的创造力。

（2）青色组织和一人公司的关联

青色组织的概念虽然早就出现了，但这一组织模式在大企业组织结构中很难实现，毕竟大企业的员工管理和项目落地需要层级划分来清晰责权利，以及构建激励员工的不同职级的晋升通道。对于大多数打工人而言，不过是企业流水线上的一颗螺丝钉，他们没有机会也不愿意贡献职责以外的创造力。

一人公司就不一样了，并不是说一人公司就是一个青色组织，而是说多个一人公司的创业者可以组合成不同的青色组织。这是我对未来的一个大胆构想，我将之称为"共生 IP"。

如果你理解个人 IP 的概念，就能快速理解共生 IP 的概念。在人人都在打造个人品牌的时代，我们会发现一个人的力量是有限的，对于一人公司创业者而言更是如此。想要实现一人公司可持续的商业模式，需要聚焦在一个领域去解决核心问题，而不能让自己的时间和精力过于分散。任何想要可持续盈利的商业主体，都需要根据市场的变化快速调整自己的业务。没有一劳永逸的创业者，每一个创业者的必备能力就是快速整合资源，应对变化。

共生 IP 的理念，是一人公司创业者聚焦在自己的核心业务上，在这一业务的上下游或所需的资源里与其他的一人公司创业者开展平等互利的合作，从而降低成本、提高效率，实现客户价值的最大化。

举个例子，在我的学员里，彦云是专业的视觉设计师，如意是擅长文案写作的汉语老师，为了实践共生 IP 的概念，我在设计"高客单价产品行动营"这个产品的时候，邀请他们和我合作，我负责授课，彦云负责帮学员设计海报，如意负责辅导学员完成文案。我们一共合作了六期行动营，合作非常轻松愉快，因为我们每个人独立负责相应的板块，互不干预又互相配合，共同为学员提供指导和服务。

我和另一位创业者朋友也是这种合作形态，她的公司业务是企业培训，而我擅长的是个人品牌打造，我们合作帮助初创企业打造创始人 IP、设计组织架构和搭建私域营销闭环。当客户需要文案服务的时候，我又找了一位擅长文案的合伙人来负责文案板块。

我的伴侣陈先生是新西兰的独立贷款经纪人，也是一人公司创业者，客户买房子找他办理银行贷款，而他也可以推荐客户给独立律师、卖房中介等进行业务合作。

也许这些例子看起来就是普通的业务合作，但共生 IP 和甲乙方或普通的项目合作方式并不相同。首先，共生 IP 的合作服务对象是同一个客户，每个一人公司创业者都是独立且直接面向客户提供服务的，他们直接和客户沟通，而不是以某一个人为中心或中间人。其次，合作的对象都是一人公司的创业者，每个人都有自己的个人品牌影响力，也都是以自己的品牌在提供服务，因此会竭尽全力完成工作。再次，每个人对自己的业务是非常专业并且可以独立交付的，每个人会获得自己提供价值部分的收益，大家在一个项目里是利益共同体，所以不会出现推卸责任的情况，而是更愿意互相配合完成工作目标。最后，共生 IP 倡导的是青色组织里平等去中心化的决策方式和自我管理的运行模式。而甲乙方并不是平等的合作关系，普通的项目合作通常是由一个发起人做决策提要求，其他人是被管理者的角色。

这种共生 IP 的合作形式其实是一人公司创业者必须具备的资源整合能力，通过和其他一人公司创业者合作来满足客户的不同需求，同时也降低了自己的获客和交付成本。试想一下，如果你可以在自己的一人公司业务之外链接更多可以合作的一人公司创业者，你就为自己建立了一个青色组织，这个组织里的每个个体所提供的技能服务都可以为你所用，大家在平等合作的关系中也会激发更大的创造力和商业灵感。从一个孤独的个人创业者，到形成一个群体创业的去中心化生态，这也是我的梦想。

1.3 "小而美"的个人商业模式是大势所趋

1.3.1 个人商业模式的赚钱优势

乌卡（VUCA）时代是一个描述现代社会特征的概念，它由四个英文单词的首字母组成：volatility（易变性）、uncertainty（不确定性）、complexity（复杂性）和 ambiguity（模糊性）。这个概念最初由美国陆军在 20 世纪 80 年代提出，旨在阐明冷战后复杂多变的政治环境，后来被广泛应用于商业和组织管理领域。

目前我们所处的时代，被一些学者和专家认为已经从 VUCA 时代转向了 BANI 时代。BANI 由 brittleness（脆弱性）、anxiety（焦虑感）、nonlinearity（非线性）和 incomprehensible（不可知）四个英文单词的首字母组成，这个新模型的提出是为了更准确地描述当今世界的特征，包括大数据、人工智能、虚拟现实等科技的发展。

尽管如此，乌卡时代的概念仍然被用来描述我们所面临的快速变化、充满不确定性的商业环境。在这样的时代背景下，组织和个人需要提高预见性和洞察力，增强适应性和灵活性，以应对复杂多变的挑战。因此，可以说我们仍然生活在一个具有乌卡时代特征的世界中，同时也在经历着向 BANI 时代过渡的阶段。在这样的时代背景下，创业者想要降低风险，小而美的个人商业模式有着明显的优势。

首先，个人商业模式的运营成本较低。一人公司通常不需要庞大的办公室、复杂的管理层级和大量的员工，这大大降低了运营成本。通过使用共享办公空间、远程工作工具和在线平台，个人创业者可以节省大量租金、薪资和其他运营开支。

其次，个人商业模式可以快速决策，执行力更强。个人创业者可以迅速做出决策并立即执行，无须经过层层审批。这种敏捷性使得一人公司可以快速适应市场变化，抓住瞬息万变的商机。比如，当经济下行的时候，大企业没有预算投放广告，营销宣传获客的难度大大增加，业务也出现下滑，此时独立的、拥有百万粉丝的自媒体博主虽然很难靠商单接广告赚钱，却可以快速切换到直播带货的赛道继续通过自媒体和粉丝实现变现。这就是个人商业模式的优势，当外部市场环境发生变化的时候，可以灵活地切换赛道，利用原有的资源创建新的盈利模式。

最后，个人商业模式可以通过个性化服务吸引优质的客户。一人公司能够提供高度个性化的服务，与客户建立紧密的关系。通过直接与客户互动，个人创业者可以深入地了解客户需求，并提供量身定制的解决方案。这种个性化服务往往能够赢得客户的忠诚和推荐，从而带来更多业务机会。例如，我的一位朋友在新西兰做高端的旅游地接业务，相比传统成熟的旅行公司提供客车和团体旅游项目，他只针对高收入人群提供"小而美"的定制旅游服务，会带游客去很多团体旅游团很难抵达的特色景点，为游客提供不一样的体验服务，通过全程的陪伴来满足游客个性化的需求，最后和客户成为朋友，也因此获得了很多转介绍的订单。

除了应对市场的优势之外，个人商业模式还可以为创业者提供灵活的工作方式。技术的发展，特别是数字化工具和平台的普及，降低了创业的门槛，使得一人公司可以接触广泛的客户群，进行有效的市场推广，甚至实现全球化运营。例如，我使用的就是线上一人公司模式，客户遍布十几个国家。

总之，"小而美"的个人商业模式不仅能够快速地适应市场变化，降低运营风险，还能够贴近客户，提供个性化的服务。创业者也会拥有生活工作相平衡的状态，更好地应对 VUCA 和 BANI 时代带来的挑战和机遇。

1.3.2　个人商业模式的成功特征

"小而美"的个人商业模式虽然是大势所趋，但是想要打造成功的一人公司商业模式，并非一件简单的事。我辅导了 100 多位各行各业的专业人士打造个人品牌，其中不乏自由职业者、数字游民和个人创业者，我发现一人公司创业和个人品牌的打造一样，并非人人都可以成功。

你可以先思考一个问题，上班、一人公司创业、创办一家大企业，哪一个更难？

大家都知道创业往往是"九死一生"，一人公司创业虽然几乎没有风险成本，但失败的人占据了大多数。因为**大多数人只是嘴上喊着想要更自由幸福的生活，但行动力跟不上自己的抱负。**

千万别觉得一人公司创业很简单，想要实现"小而美"创业的人，往往都是"既要又要还要"。既要赚更多钱，又要有时间享受生活，还要实现自我价值。从这一点看，一人公司创业比单纯上班或者正儿八经投资创业要难得多。因为上班你只需要求安稳的收入和固定的节假日就好，投资上百万元创业的人聚焦在赚钱的目标上。也许你觉得上班无法实现自我价值，也许你创业忙得没空享受生活，但你会迫于稳定收入的需要或资金回笼的压力不得不坚持下去。一人公司创业，正因为前期没有太大投入，而工作上又过于自由，有太多选择和不同的干扰，一个目标不坚定、内核不稳定的人，非常容易放弃。

"生命诚可贵，爱情价更高。若为自由故，两者皆可抛。"这首脍炙人口的诗，也说明了自由是最贵、最难得的东西。一人公司，追求的是比上班和传统创业更自由，看似付出的成本风险很低，实际上是一条需要付出更多努力的道路。

不是人人都适合一人公司，我在一人公司实践的路上遇到了各种各样的人，发现能够在这条路上有所收获并且能坚持下去是有共同特征的。

第一，追求随性自由的生活方式，不喜欢被束缚。不同于嘴上喊着要自由、想全球旅居但身体还在老实打工的人，真正不喜欢被束缚的人在工作中也不喜欢被干涉、被管理，他们比较自由散漫，有自己的主见和想法，会主动表达自己的想法，并且往往会坚持己见。

第二，有很强的好奇心和学习能力，不害怕失败。按照标准路径成长的好学生通常学习能力很强，但是从小到大都乖乖听话的人，往往非常害怕失败，在意别人的看法。因为他们的价值体系都是在别人的评价中养成的，会担心自己一旦不听话或者失败，别人就会觉得他们不够好。创业是一个无中生有的过程，永远有不确定性和变化，没有人能保证事事都成功。不断试错是一人公司创业必经的过程。能够成功的人都勇于在犯错中学习和成长，愿意走出舒适区带着"空杯的好奇心"去不断尝试。

第三，目标感和行动力极强。不是一般的强，而是极强。如果不清楚自己的目标，就很容易被带偏，如果行动力跟不上，很多想法只能停留在想象中，无法落地获得结果。其实在做个人品牌商业教练的这些年，我看见很多同行，自己的个人品牌都没做起来，也没有实现业务变现，却给别人当起了商业教练。知道却做不到，做到却没结果，是一人公司创业失败的常见问题。只有紧盯目标，不断行动，才能在一次次跌倒中获得成功。

第四，有独立交付的专业能力。其实很多人是喜欢团队的，喜欢和大家在一起做事的感觉。但我不得不戳穿一个现实：**一人公司创业想要实现灵活自由，就要有一个人独当一面的能力，一人公司的创始人就是天花板，永远不要指望别人替你承担决策和压力。**你可以解放自己的时间和精力，不是因为别人弥补你的短板、跟你搭档干活不累，而是你先完整地跑通个人商业闭环，然后梳理出每个环节的标准操作流程（SOP），再找到合适的人按照你的要求来替代你完成不同的环节，这样才能在保证结果不变的前提下解放你的时间和精力。一定要记住一句话：**创业成功靠的是系统，不是个人。**一人公司也是如此，如果你不想合作伙伴离开或者你生病，使得你的业务就干不下去，那么你必须搭建一个商业系统，而不是凭感觉和感情做事情。

第五，也是最重要的一点，所有创业成功的人，其驱动力都不是为了摆脱不喜欢的生活而工作，而是为了自己内心的追求、目标和愿景。找到你向往的生活方式、你的人生使命、你的初心和目标，那才是一人公司成功的关键。

商业就是最好的修行。对于普通人而言，没有比创业更快的成长方式了。在创业的路上，个人的优势和短板都会被放大，你会在高效行动和收集反馈的过程中不断挖掘自己的潜力和优势，但也会看见自己的短板带来的限制。创业是一个帮助你逐渐看清真实自己的过程。

1.3.3 个人商业模式的创业地图

如果你想实现一人公司创业，必须有五个板块的搭建：产品、流量、销售、运营、合作。如图 1-3 所示。

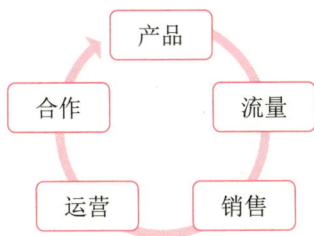

图 1-3　一人公司创业地图

第一个板块是产品。你要有个人擅长的定位领域的相关产品。只要你可以通过个人影响力获取流量实现销售变现的，都可以是你的产品。

产品分为虚拟产品和实体产品。虚拟产品通常是根据你的知识技能演变而来的服务，比如知识付费，一对一教练咨询、课程、社群、私教等，或者你提供给客户的定制插画、装修设计、营销方案等都是虚拟产品。

你还可以通过自己的技能创造实体产品，比如一些手工艺品、画作、图书，或者原创的实体品牌。例如，有人制作手工的美甲、手串等，有人联系制造商定制自己品牌的香薰、蜡烛、文创产品等，这些都是自己原创的实体产品。

除了辛苦去做自己的产品之外，你也可以分销产品。比如你在某个平台学习后获得分销权益，可以直接分销你上过的课程，因为你有学习的经验，你可以一边学习一边分享自己的成长，再通过自媒体引流销售，实现变现。

现在许多平台上的"买手"和直播带货也是这样的逻辑：直接进入平台的选品中心或去阿里 1688 挑选符合自己粉丝受众需求的产品，或者如果你用过某款产品觉得好，有靠谱的渠道货源，那么就可以通过自媒体上架到自己账号的橱窗，"挂车"售卖去变现。我的第一份副业变现就是这样实现的。2014 年刚上班的时候，在淘宝上购买了一款发膜非常好用，之后生活中经常有人问我为何发质那么好，我就灵机一动想去推荐这款发膜，于是就联系了淘宝店主，让她给我更低的价格，帮我代发快递，之后我就通过朋友圈推荐这款发膜实现了一定金额的变现。

赚钱的底层逻辑其实很简单，就是把产品卖出去。所以第一个板块是你要有可变现的产品。与简单做销售的区别在于我们要考虑到可复利的长期个人品牌效应，所以要选择和自己的个人经历、专业知识等相关联的产品，这样在创业的过程中可以在一个领域深耕自己的个人品牌影响力，而不只是卖货。先聚焦打造自己的核心影响力和竞争力，后面自然会得到更多的机遇。

第二个板块是流量。说起流量，有人就会想到自媒体和短视频。自媒体只是获取流量的方式之一，自媒体依赖平台算法的推荐和引流机制，若你所有的流量都来自一个自媒体平台，一旦账号被封，你所有的努力就可能白费了。因此要根据自己的业务场景去选择不同的流量获客渠道，如果你是做实体生意的，线上和线下引流要结合起来。比如做线下门店活动，可以把客户引流到微信群，实现线上触达和管理。同时也要具备线上获客的能力。比如做直播把潜在客户引流到私域微信上再做销售转化。如果你是做知识付费或线上电商的，除了自媒体平台的账号运营和公域引流，也可以搭建自己的独立网站、小程序，实现私域裂变。永远不要把鸡蛋放在一个篮子里，流量是所有生意存活的关键，并且流量渠道一定是随着市场和科技发展而不断变化的，我们需要不断学习新的引流方式和渠道。

第三个板块是销售。销售和流量一样，不能只有一种方式。比较常见的线上销售方式有电话销售、社群销售、公开课销售、私聊销售、直播销售、内容销售、电子邮件营销、广告投放、搜索引擎优化等；常见的线下销售方式有门店销售、展会销售、上门销售、地推销售等。如果流量有了，但是只有一种销售方式，也很难实现转化最大化，因此要掌握不同的销售技巧和方法，并且要不断学习新的销售模式，与时俱进。

第四个板块是运营。如果你想跟我一样实现时间、地点、自由的一人公司模式，那么就要懂线上运营。线上运营可以分成三个核心板块：内容运营、社群运营、客户运营。内容运营就是创作和你的业务相关的自媒体内容，如短视频、图文等，分发到不同的平台进行引流或销售；社群运营就是激活社群的活跃度和黏性，通过举办线上社群活动，如公开课、训练营或直播等，让社群活跃起来，激发大家的参与度；客户运营就是维护所有添加到私域的客户，给不同的客户打上不同的标签，根据不同的需求和消费记录进行分层管理，通过不同的活动和个性化的沟通去刺激销售转化，保持用户黏性。而线下运营在一人公司的商业模式里比较常见的是举办一些简单的线下活动，如见面会、读书会、工作坊等，让老客户带新客户参与，同时通过线下见面的方式增强你和客户之间的感情和信任。

第五个板块是合作。一人公司的团队不是传统的雇佣模式，而是平等合作、互利共赢的模式。如何选择合适的合作伙伴，如何通过合作来放大业绩规模，如何实现双赢的合作目标，都是一人公司创业者解放自己的时间和精力、真正实现自由的关键。除了前面提到的共生 IP 的合作模式，一人公司也可以雇兼职员工或者和自由职业者进行项目合作，如此既降低了人工成本，也可以让业务灵活地开展。

一人公司虽然小而美，但也是一个完整的商业主体，因此它背后的工作其实并不简单，从产品、流量、销售到运营、合作，每一环节都有非常多的关键点，也有很多技能只有在实际操作中才能学到，所以行动力往往是成功的关键。

1.4　从个人成长到一人公司

了解了一人公司的创业地图之后，也许你依然茫然，不知道从何开始去设计自己的产品。其实每个人的成长经历都是独一无二的宝贵财富，如果我们可以从个人的成长经验中提取可复制的成功经验和知识，将这些经验和知识转化为可以帮助他人的产品，那么就可以实现个人成长的商业化，这也是最适合普通人低成本实现个人商业的路径。如图1-4所示，常见的适合普通人的一人公司产品类型为知识产品、技能产品、实体产品和分销产品。

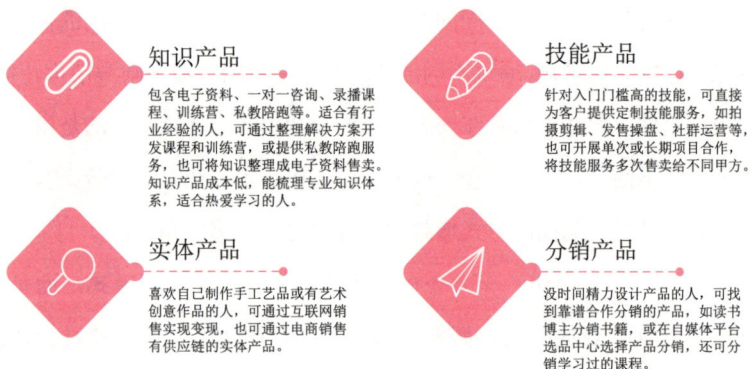

知识产品
包含电子资料、一对一咨询、录播课程、训练营、私教陪跑等。适合有行业经验的人，可通过整理解决方案开发课程和训练营，或提供私教陪跑服务，也可将知识整理成电子资料售卖。知识产品成本低，能梳理专业知识体系，适合热爱学习的人。

技能产品
针对入门门槛高的技能，可直接为客户提供定制技能服务，如拍摄剪辑、发售操盘、社群运营等，也可开展单次或长期项目合作，将技能服务多次卖给不同甲方。

实体产品
喜欢自己制作手工艺品或有艺术创意作品的人，可通过互联网销售实现变现，也可通过电商销售有供应链的实体产品。

分销产品
没时间精力设计产品的人，可找到靠谱合作分销的产品，如读书博主分销书籍，或在自媒体平台选品中心选择产品分销，还可分销学习过的课程。

图 1-4　一人公司常见产品类型

1.4.1　如何从成长中探索商业机遇

在个人商业的世界里，个人成长不仅是一个自我提升的过程，更是探索和发现新商业机遇的肥沃土壤。我们的每一次成长都可能开启一扇新的机遇之门。我们如何从个人成长的多个维度探索这些潜在的机遇呢？

第一，个人成长的过程就是一个不断积累财富的过程。我们在职业生涯、副业尝试，甚至爱好探索中的每一个阶段，都在积累知识、技能和经验。这些积累，无论是专业技能的提升，还是对行业趋势的洞察，都可能成为我们未来探索新机遇的基石。

我复盘了自己毕业后十几年尝试的工作、副业，发现我在创立一人公司以前，已经做过十几种职业。我的主业经历了体制内的银行柜员、客户经理，私企和外企的人力资源（HR），海外的品牌营销经理，跨度不小，我的副业尝试更是五花八门。在知识付费领域，我和朋友合伙创立过校外培训机构，做过线上英语培训、副业变现课程、人生教练课程、个人品牌商业私教陪跑等，所以我熟悉线上线下的教育培训形式、工具和流程。在电商领域，我做过海外代购、跨境电商、微商、独立站，从网站搭建、搜索引擎优化、付费投流到图片设计、文案撰写我都做过。在自媒体领域，我运营"Alina 霖子"公众号已经十几年，豆瓣、知乎、小红书、哔哩哔哩、视频号、今日头条等市面上常见的新媒体平台我都有"试水"和研究过。

正是在个人成长的过程中带着好奇心，不断尝试摸索和学习新的事物，一边自学技能，一边总结思考，才有了我在创立"自由人生教练"平台的时候，从品牌理念设计、自媒体内容搭建、线上营销培训到活动策划运营等都能够一个人快速完成。**人生没有白走的路，只有走过的路。**

第二，个人成长中的挑战和困难往往是财富机遇。顺境时皆大欢喜，逆境时才能看出一个人是否具备创业的能力。因为创业一定是不断面对困难和挑战的过程。面对挑战的时候，是陷入负面情绪中不能自拔，还是快速找到关键资源解决问题，可以判断一个人是否能够在个人成长中发现机遇并且抓住财富机遇。

举个例子，我有一个商业客户是做孕产瑜伽教练的，她的客户付费一万元报名了产后瑜伽训练，结果一个月后发现怀了二胎。产后瑜伽训练肯定是做不了了，要给客户退费吗？她找到了我。我给她支招，后来她的客户不仅没有退费，还花一万元报名了孕期瑜伽训练。

当客户的某项需求不再存在的时候，很多人会觉得产品就没办法营销出去了，但旧的需求不存在，往往是新需求诞生的时候。就像现在人工智能（AI）快速发展，很多人发现一些基础的工作会被 AI 取代，但随之而来的是有越来越多的人因为 AI 开辟了新的财富和职业路径。

在成长过程中面对挑战时，我们常常能在其中发现蕴藏的商业机会。在生活或职场中遇到的难题往往揭示了市场上未被满足的需求。这种对挑战的敏感和解决问题的能力，是个人商业成功的关键要素。通过解决遇到的问题，我们不仅能为自己找到出路，也可能为同样面临这些问题的人群提供解决方案，从而开创新的商业领域。

第三，个人兴趣和激情是发现商业机遇的重要源泉。 很多人或许和我一样，好奇心特别强，遇到新鲜事物就想一探究竟，但很快又半途而废。过去，我们会否定自己，认为自己是一个"三分钟热度"的人；但现在，我们称这一类人为"多重潜力者"。我很喜欢"多重潜力者"这个名称，它让我们从否定自己变成了肯定自己。事物本身是没有好坏之分的，好和坏取决于我们看待事物的方式和念头。

保持好奇心是非常难得的，当我们在某个领域有深厚的兴趣时，往往会投入更多的时间和精力去深入探索，并且乐在其中。这种深入探索可能帮助我们发现新的市场或客户需求，无意中创造新的财富。

2017 年，在我从银行辞职等待出国的那几个月空窗期，一位孩子刚上小学的妈妈说她每天在家辅导孩子读英语绘本，发现我们五线小城市的孩子们学习英语的资源很少，学校老师的发音也不标准。出于好奇心，我调研了市面上幼儿英语学习的资源，又翻看了我的微信朋友圈，看有没有人可以帮助到家乡的孩子们，结果我找到了一位同声传译专业毕业、有丰富的英语教学经验并且喜欢小孩子的朋友，邀请她来教家乡的孩子们学习标准的口语发音。

那时候，还没有现在这么全面的知识付费工具和线上培训方式，所以我设计了 21 天的线上幼儿口语学习打卡营，交付方式非常简单，建立一个微信群，把孩子妈妈们都拉到了群里，每天早晨在群里发布一个英语句子和几个单词的标准发音和讲解，白天妈妈们就抽空让孩子听和模仿，然后把孩子的跟读录音发到群里，晚上我的朋友就一一点评和鼓励这些孩子，给他们送几朵小红花。妈妈们和孩子们都特别开心，也在此次打卡营活动中学到了很多。后来我出国了，这个项目也就结束了。虽然这个短暂的项目只赚了几千元，但是从此我的心里种下了线上教育培训的种子。

第四，个人成长过程中建立的人脉和社交网络是探索商业机遇的宝贵资源。我们的同事、伙伴甚至客户都可能成为我们发现新机遇的桥梁。他们的需求、反馈甚至日常交流都可能激发我们的灵感，引导我们发现新的商业机遇。比如前面提到的幼儿英语口语打卡营项目，最初引发我思考的那位妈妈是我亲戚同学的妈妈，我发起这个项目后，学员客户都是她找来的。

如果你和我一样是内向社恐的人，在社交上不太主动，那么可以多通过自媒体展示自己，输出高质量的内容，这样可以"吸引"一些优质的人脉。我的大多数朋友、客户、合作伙伴是看了我输出的内容和故事之后被吸引而来的。

第五，个人成长的过程也是一个自我认识和自我价值实现的过程。

在这一过程中，我们逐渐认识到自己的优势和特长，这些优势和特长正是我们探索和开发新商业机遇的关键。了解自己能提供什么，以及这些能力或知识如何满足市场需求，是将个人成长转化为商业成功的重要一环。需要提醒的是，在成长的路上，不要把注意力放在自己的短板上，不要总寻找自己的不足之处，这样会打击自信心。创业者的核心竞争力是自己的优势和长板，我们要做的是放大自己的长板，当你的优势和长板足够明显，短板造成的影响就不会很大。

总之，个人成长的每一个方面都蕴藏着商业机遇。从专业技能的提升到兴趣爱好的追求，从克服挑战到社交网络的拓展，成长中的每一步都可能是通往新商机的桥梁。关键在于如何将个人成长与市场需求相结合，如何从帮助身边的人出发，去创造既有个人特色又能满足市场需求的产品或服务。

个人成长与商业机遇的探索是一个相互促进的过程。在个人商业的世界中，个人的提升直接影响到商业实践的效果，商业的成功又反哺个人的成长。这种相互作用不仅使个人商业成为一种事业选择，更使其成为一种生活方式和自我实现的路径。

1.4.2 如何将知识技能变成赚钱资源

一个人只要在任何行业或领域做成一件事，那么就可以把自己的知识经验分享出去，帮助其他人，知识技能变现是普通人最快可以掌握的赚钱资源。这一过程不仅是将个人能力商品化，更是一个深挖个人价值和实现市场价值转换的过程。在这一过程中，我们需要做到如何有效地将个人的专长和知识变成对他人有价值的产品或服务。为了帮助大家理解，我绘制了一张知识财富体系图，大家可以根据这张图，一边学习一边构建自己的知识财富体系。如图1-5所示。

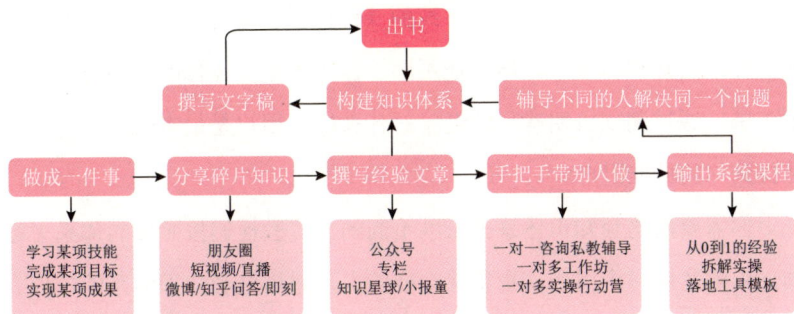

图1-5　构建自己的知识财富体系

首先，我们需要认识到每个人都拥有独特的知识和技能，这些通常来自做成一件事的经验。例如，学习某项技能、完成某项目标或实现某项成果。当你做一件事的时候，就可以一边做一边把一些成功的经历和经验提炼成碎片化的知识，通过朋友圈、短视频、直播或自媒体平台分享出去，帮助正在做同样事情的人，和他们交流经验，互相学习。

当做成某件事的经验积累得越来越多时，就可以把碎片化的知识整合成有深度和系统性的文章。例如，开设一个特定主题的专栏，通过一系列的文章将成功经验分享出去，更好地帮助其他人从0到1跟着你的经验学习。

单向输出的内容可能无法高效地指导别人落地操作，因为每个人在操作过程中可能遇到的卡点是不同的。因此，当你的专栏文章被越来越多的人关注时，一定会有人想找你咨询，解答他们遇到的个性化的问题。这时候，你就可以开设一对一的咨询私教辅导，或者一对多的实操课程，利用实时互动手把手带别人操作。

当你辅导过很多人做成一件事时，就可以把他们遇到的共同的难点提炼出来，制作一些可以帮助别人实操落地的工具模板。同时，把你手把手带别人落地操作的过程拆解成从 0 到 1 做成这件事的步骤，结合你原创的工具模板，就可以开发系统的课程体系。这时候，你就具备了做成一件事的知识体系了。但这还不够，你还需要验证你的知识体系的适用范围，通过测试去明确你的经验对什么样的用户是最有效的，这样才能找到你的精准用户。

你需要用这套知识体系去帮助不同的人，教他们按照你的体系去行动，去解决同一个问题，看看什么样的人是适用这套知识体系的，什么样的人可能不适合你的方法论。当你完成大量的测试之后，就会越来越清楚你的知识体系的适用范围，这时候就可以针对精准目标用户优化知识体系，最终形成一套帮助特定人群解决特定问题的知识模型。

在整个过程中，你输出的内容可以整合起来，成为你的出书素材。最后，你可以建立自己的知识财富体系商业闭环。当你在一件事上完成了知识商业闭环，你还可以在另一领域按照这个路径再次从 0 到 1 搭建自己的知识财富体系，这一套路径完全可以复制到你学习任何一个新领域的过程中。

你用心调研一下就会发现，很多一人公司创业者的成功路径其实是相似的。普通人最大的资源就是时间和精力，将自己的时间和精力投入到个人成长中，将自己的成长和学习经验记录和分享出来，慢慢提炼成对别人有用的方法论，通过一对一咨询、辅导、课程等不断收集他人的反馈，帮助不同的人解决同一个问题，渐渐优化自己的知识体系，最终形成一套自己的又可以帮助其他人的知识模型，从而把学习和成长变成赚钱的资源。

将个人的知识和技能转化为赚钱的资源，不仅是实现个人商业成功的过程，更是实现个人价值和对社会作出贡献的过程。我们将知识和技能分享给他人，不仅能实现经济上的收益，还能帮助他人，更能实现自我成长。

1.4.3　如何用一人公司实现人生使命

每一个创业成功的人，都不只是为了逃离不喜欢的现状，更是为了追随自己的人生使命和目标。"一人公司"不仅是一种工作方式，更是实现个人愿景和使命的一种途径。大多数企业是根据岗位需求来招聘合适的人才，因此人们往往无法在企业设定的岗位充分发挥自我价值。而在一人公司，我们有充分的自由度去做自己想做的事情，根据自己的热情和理想去探索自己的人生使命，并且通过个人商业这条路充分实现自己的人生使命。

（1）明确你的人生使命

你的人生使命是什么？生命的意义是什么？工作又是为了什么？相信你一定思考过这些问题。人们将大部分的时间花在了工作上，而一份不喜欢的工作，不论收入有多高，仍会让内心感到空虚，时常会带来自我怀疑。

每个人来到这个世界上都有自己的使命。这个使命就是充分发挥个人的天赋优势，持续去做让自己充满热情的事情，在为他人和社会创造价值的同时获得相应的财富回报，以此安身立命。日本有一个概念叫作"Ikigai"，翻译成中文是"存在的意义"。找到自己的"Ikigai"可以作为我们探索自己人生使命的一种方式。在"你喜欢的""你擅长的""你能得到报酬的"和"世界需要的"四个部分的交集点，就是我们的人生使命和意义。如图 1-6 所示。

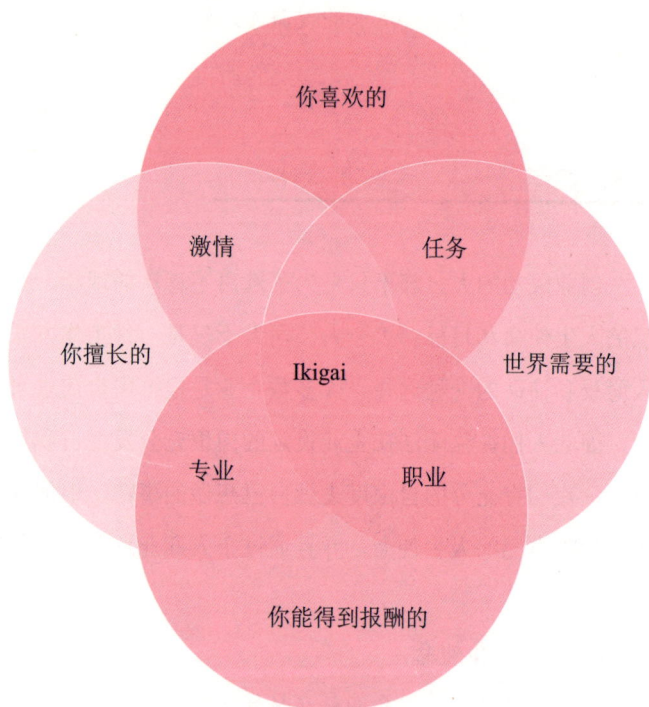

图 1-6　探索自己存在的意义

人生使命通常源于个人的核心价值观、热情和所追求的目标。**充分挖掘个人的内在价值体系，找到个人热爱的事情和未来想实现的愿景目标，这才是一人公司可以持续发展的核心驱动力。**

一人公司在运营发展中，会受很多外在声音和因素的影响，如果创业者没有稳定的核心驱动力，那么很容易迷失方向。世界一直在变化，不变的是我们每个人的人生使命。所以，找到不变的内核，这才是一人公司成功的关键。

当你找到自己的人生使命，清楚了未来的愿景目标，就可以将你的愿景使命转化为具体的商业活动，开发与你的长期目标一致的产品或服务，通过你的价值观去吸引同频的客户，利用有效的传播和沟通策略去宣传你的故事、价值观和商业活动。

（2）利用你的独特优势

一人公司的优势在于它能完全体现你的个性和优势，给了普通人用热爱的事情创造收入的机会，将个人的独特优势和商业活动相结合，不仅能带来事业上的成功，更能增强工作的意义和满足感。

我们可以通过 SWOT 分析来找准并利用自己的独特优势。SWOT 分析包括评估自己的优势（strengths）、劣势（weaknesses）、机会（opportunities）和威胁（threats）。这一概念最早可以追溯到 20 世纪 60 年代，由管理顾问艾伯特·汉弗莱（Albert Humphrey）在斯坦福大学的研究项目中提出。通过这一分析，你可以清楚地认识到自己在职业生涯中的独特地位和潜在的发展方向。如图 1-7 所示。

图 1-7　SWOT 分析

优势（strengths）。在这一部分列出了个人或组织内部的正面特质。例如，强大的品牌、独特的技能、良好的网络关系等。

劣势（weaknesses）。这一部分列出了内部的负面特质或需要改进的地方。例如，缺乏资源、技能不足、决策过程缓慢等。

机会（opportunities）。在这里列出了识别外部环境中的机会。例如，市场增长、技术进步、政策变化等。

威胁（threats）。识别可能来自外部环境的威胁。例如，竞争对手、市场萎缩、法规变化等。

利用这种方法可以从中找出对自己有利的、值得发扬的因素，以及对自己不利的、要避开的因素，发现存在的问题，找出解决办法，并明确一人公司最具优势的发展方向。

（3）打造自己的个人品牌

很多人把个人品牌、个人IP、网红和博主混为一谈，其实它们并不相同。

网红（internet celebrity / influencer）。网红是指通过互联网平台获得大量关注和追随者的人。他们可能因为特定的才艺、外表、生活方式或者幽默感而受到欢迎。网红的影响力通常与社交媒体平台紧密相关，他们的成功很大程度上依赖粉丝的互动和参与。网红可能没有定位，也没有自己的产品，他们靠大量的粉丝关注通过广告或者直播带货变现。

博主（blogger）。博主是指在博客或者类似的平台上定期发布内容的人，属于内容创作者。博主可能专注于特定主题或领域，通过撰写文章、分享见解和经验来吸引读者。博主的影响力建立在内容的质量和一致性上，他们可能在特定圈子或领域内拥有较高的知名度。博主可以通过内容创作或者内容营销变现，如收费专栏、图文或短视频带货推广等。

个人品牌（personal brand）。个人品牌通常指的是一个人在职业领域内建立的声誉和影响力。它是基于个人的专业技能、价值观、成就和个性特征的总和。个人品牌更多与职场发展有关，强调的是个人在特定领域的权威性和信任度。拥有自己的个人品牌，说明你有一定的影响力，但不意味着你有变现的能力。除非你打造个人 IP，开发自己的产品，把影响力变成商业价值。

个人 IP（intellectual property）。个人 IP，即个人知识产权，是指个人拥有的、可以被商业化利用的知识财产。打造个人 IP 通常意味着你要开发和自己相关的产品，比如课程、图书、咨询服务、实体商品等，能够吸引粉丝和消费者，并且可以通过各种媒介和产品进行变现。

我们可以简单地把个人品牌理解为个人在某个专业领域的声誉和影响力，从商业的立场来看，建立个人品牌是一人公司创业的必经之路。因为一个有声誉和影响力的人，在专业领域创业会更容易吸引来优质的合作资源和第一波种子用户，并且会极大地降低前期宣传获客的成本。

打造个人品牌不仅是营销自己，更是展示你的专业性、个性和价值。一个有效的个人品牌应当包含三个元素：独特性（你与众不同的地方）、一致性（你的言论和行为的一致性）和持续性（持续地传达你的价值观）。

独特性是指个人与众不同的特质。它涉及你的个人故事、专业技能、经历和视角。一个独特的个人品牌可以帮助你在竞争激烈的市场中脱颖而出。你可以通过自媒体等内容渠道分享你的个人故事、独特的生活经历和职业旅程，让人们了解是什么塑造了今天的你；可以强调你的专业技能和特长，特别是那些与你的行业或目标受众高度相关的；可以展示你对行业趋势或专业话题的独到见解和观点，以证明你的专业性。

一致性是指在不同的平台和场合中保持个人信息、言论和形象的一致性。这有助于建立信任和识别度，使人们对你的个人品牌有一个清晰、一致的认识。例如，在所有营销材料和在线平台上使用统一的头像、昵称、背景图、色彩、标志和字体。再如，无论是在社交媒体还是公开演讲中，保持一致的语言风格和语调。要确保你在所有媒体上的沟通和行为反映出你的核心价值观和信念，因此打造个人品牌，一定要做真实的自己，而不是虚伪的人设。

持续性是指持续地加强和更新你的个人品牌形象和核心价值观。比如，定期创作发布自媒体内容、参与行业活动和与客户粉丝互动，不断展示你的价值理念。例如，我是一名倡导自由人生的一人公司创业者，我就会持续性地在自媒体分享我的自由生活 Vlog（视频日志）以及适合个体创业的"干货"知识。

当你找到了自己的使命愿景和优势特长，通过个人品牌的建立提升了自己在专业领域的影响力，在一人公司的创业过程里就可以把它们有效地整合起来。在这一过程中，你不会觉得自己在工作，而是像玩一样做着自己热爱的事情。当你沉浸其中，就会放下对于不确定感的焦虑，将注意力放在当下的行动和未来的愿景上，活出自我。

第二章

探索期：找到你的个人商业定位

想要创立一家可持续发展并且能够享受其中的一人公司，一定要先探索自己的个人定位，理解自己的独特价值和擅长的领域。本章专注于探索期，指导读者如何通过自我分析和市场调研，找到自己的市场定位和目标客户群。本章提供了一系列方法和工具，帮助读者清晰地定义自己的产品或服务，为后续的发展奠定坚实的基础。

2.1 用热爱擅长的事创造一份终身事业

2.1.1 理解工作和事业的区别

在个人商业的世界里，让我们暂时抛开那些纷繁复杂的商业模型和市场策略，回到本质的问题：我们为什么要工作？是为了单纯的谋生，还是为了追求深层次的职业满足和生活的丰富性？工作和事业是一回事吗？

在我从事品牌营销工作的时候，我在业余时间为很多人提供一对一的教练咨询服务，后来教练咨询发展成了一份可以持续让我获得收入的事业，但它并不是我的工作，因为是否要做教练咨询服务的选择权完全掌握在我的手中。相比于品牌营销工作，教练咨询更像是一份我发自内心，愿意长期甚至终身去做的一份事业。

在一人公司个人商业的背景下，理解工作和事业的区别尤为重要，因为这直接影响着我们如何构建和发展业务。

（1）定义上的区别

工作（job）通常被看作一种职业活动，人们通过它获得收入，维持生活。它可能只是暂时的，或者是达到其他目标的手段。

事业（career）强调长期发展。它不仅是个人谋生的手段，更是个人成长、实现自我价值、追寻梦想愿景的过程。

一个人只能有一份全职的工作来维持生计，但是可以在工作之外有自己的多项事业去实现自我价值。这也是很多人会在主业之外开启副业的原因。

（2）态度和视角的区别

对于工作，人们可能更关注短期目标，如薪资、工作条件等。在事业中，个人倾向于考虑长期发展，包括技能提升、职业满足感和个人成就。

工作可能只是一种经济活动，但事业是一种生活方式，是追寻个人价值体现和探索梦想愿景的旅程。当工作转变为事业时，它不再只是完成任务和挣钱，而是成了实现自我价值和个人成长的生活方式。比如，有的人会在业余时间去做公益志愿者，志愿服务活动虽然不挣钱，但也可以是一项事业。

（3）发展路径的不同

工作可能没有明确的发展路径，它可以是静态的、重复的。事业则意味着持续的学习和成长，追求更高的成就和专业发展。也许你正在做着一份不喜欢的工作，而**一人公司创业的目的，就是让你用热爱的事情为自己创造一份事业。**

虽然工作和事业有一些区别，但并不是二元对立的。普通的上班族通常只会把工作当成一个赚钱的工具，很难把它当成自己的一份事业，因为工作的内容和发展是不受自己掌控的，无法预估未来的发展。而创业者通常会将工作视为事业，因为公司和自己的发展在很大程度上由自己来决策。

作为一人公司的创业者，你不仅是执行者，也是决策者和一人公司的代表。当你的工作体现了你的信念和热情时，你所提供的产品或服务自然会具有更高的质量和价值，你更在意的不是短期的利益，而是长远的目标。因此你日常的工作其实是为了实现长久的事业发展。

当工作转变为事业时，它带来的是更深层次的个人满足感。对于一人公司来说，这种满足感是非常重要的动力来源。它来自做自己真正热爱的事情，发挥个人潜能，以及看到自己的努力对他人产生积极影响。这种满足感能够在我们面对挑战和困难时提供强大的心理支持和动力。

虽然对于打工人而言，赚钱是工作最主要的目的，大多数职场人士很难把被安排的工作任务当成一份可以自主发挥热爱和特长、实现自我价值的事业，但是职场人士依然可以打造自己的个人品牌或者在业余时间去创立自己的一人公司，从当下的工作中整合自己的资源优势，开发工作之外的产品，创造更具热情的事业。

2.1.2 工作与生活的平衡是一个伪命题

在传统的职场中，工作和生活常常被看作两个截然不同的领域。工作是在办公室完成的任务，生活则是工作之外的私人时间。这种划分导致出现了所谓"工作与生活平衡"的概念，即努力在工作与生活之间找到一个平衡点。

无论是在职人士还是创业者，似乎都在努力寻找工作与生活之间的平衡点。但当你把工作视为事业，把事业视为生活方式的一部分时，工作就不再是生活的对立面，而是自然融入你的日常生活中，工作与生活的平衡就是一个伪命题。

在个人商业的世界里，尤其是在一人公司中，工作和生活的界限往往很模糊。因为许多追求个人商业的人选择的工作领域往往是与自己的个人兴趣、价值观和生活方式紧密相连的。这意味着工作不只是一种赚钱的手段，更是表达自我、实现个人价值和生活方式的一部分。当你的工作是基于你的热情和兴趣时，它会自然而然地融入你的日常生活。

比如，一个热爱写作的自由撰稿人可能在咖啡馆、家中或旅途中写作。对他来说，写作既是工作也是生活的一部分。他的灵感可能来自日常的点滴，如一次与朋友的深夜谈话，或是在公园里的一次漫步。在这种情况下，试图将工作和生活严格区分开来不仅是不现实的，而且是不必要的。

再如，一个对环保充满热情的人可能创办一个专注于宣传可持续发展的二手购物网站或在线商店。对他来说，这不仅是一份工作，更是一种生活方式的体现。他的工作和生活理念是一致的，他的工作实际上是在推广和实践他的生活方式。

在一人公司的背景下，重塑工作与生活的关系变得尤为重要。工作和生活不再是互相竞争，而是相互渗透、相互支持。创业者可以根据自己的生活节奏和偏好来安排工作，使工作成为生活的一部分，而非生活的对立面。这可能意味着将工作安排得更加灵活，以适应个人的生活节奏。例如，一位父亲可能选择在孩子上学期间工作，而在孩子放学后把时间留给家庭。再如，一名热爱旅行的创业者可能将工作安排在旅行中，将旅途中的经历和灵感转化为工作的一部分。

尽管工作与生活的融合为一人公司创业者提供了前所未有的自由，

但这也带来了新的挑战。例如，工作和生活的界限模糊可能导致难以摆脱工作状态，影响休息和放松，因此，创业者需要更强的自我管理能力和时间管理能力，养成健康的工作习惯，如定时休息、定期运动，以确保身心健康。

经营一人公司，意味着我们可以重新定义自己的工作和生活的关系，让工作支持我们的生活理念，也让生活方式丰富我们的工作内容。这种和谐统一的关系是个人商业成功并且获得个人幸福的关键。**当你每天做的事情都是发自内心的热爱，你不会觉得自己是在辛苦工作，而是觉得在享受一种自己创造的生活方式。**

2.1.3　人人都可以为自己创造一份事业

在个人商业蓬勃发展的时代，不论背景、资历、起点如何，只要你有一技之长，都可以用自己的技能为自己创造一份事业。

（1）打破传统职业观念的束缚

传统的职业发展往往被视为一条预设的轨迹：接受教育，找到一份稳定的工作，在公司体系内逐步晋升。然而，这种模式并不适用于所有人，甚至很多人按照传统的职业发展路径走到半路，人到中年的时候才发现自己从来没有想过喜欢做什么，被裁员的时候才发现多年的职业晋升并没有提升自己的核心竞争力，重返求职市场才发现自己没有一技之长。

这样的人不在少数。过去两年时间里，我遇到了很多"裸辞"和被裁员的学员都是类似的情况：随波逐流学了一个当初热门的专业，毕业后发现不喜欢这个专业，于是跨行从事其他职业，可是始终对工作没有热情。

一人公司模式为这些人提供了一条全新的路径：**如果找不到一份有热情和满意的工作，那么不如创造一份围绕自己的兴趣、才能和价值观的事业**。例如，一个对艺术充满热情的人可能发现，传统的工作无法满足其创造性的需求。他可能选择成为一名自由艺术家，通过售卖艺术作品或提供创意服务来谋生。在这一过程中，他不仅可以做自己所热爱的事情，还能将自己的艺术作品带给更多的人。

在互联网上，我们会看到出现了很多新兴职业，如心理倾听师、艺术疗愈教练、财富关系咨询师、脱单社交指导师等，这些新兴职业都是不同的人结合自己的兴趣，打造个人品牌，对自己的新职业做的命名。打破传统职业观念的束缚，在这个时代，每个人都可以为自己创造一份新的职业，以助人达己。

（2）一人公司的多样性和包容性

传统的创业需要足够的资金和成熟的商业模式设计，而一人公司的优势便在于它的多样性和包容性。不论你的兴趣是什么，不论你的技能是关于哪个领域的，总有一条路径让你将自己的兴趣、技能等转化为一份事业。这种多样性不仅体现在商业模式上，也体现在创业者的背景和经历上。

以社交媒体为例，许多人通过分享自己的生活方式、旅行经历或专业知识，逐渐建立起自己的粉丝群体，并以此为基础发展成为有影响力的带货达人或专业顾问。这些人的成功，往往源于对自己独特经历的分享，以及对特定领域的深刻理解。

只要你是一个爱学习、爱分享，并且在一个特定领域里有一技之长的人，都可以尝试把一项技能转变成一项可以帮助他人的服务，当你真的帮助到他人的时候，自然可以把服务转变成一个收费的产品，为自己创造一份新的职业，开启一人公司的业务。

（3）适合一人公司的创业方向

在现代社会，技术的发展极大地降低了创业的门槛，尤其对于一人公司创业者而言。互联网、社交媒体平台和 AI 工具的出现，使得人们可以迅速接触到广阔的市场，无论是销售产品、提供服务还是分享知识和经验。我总结了七种适合普通人的一人公司常见的业务形态，如图 2-1 所示，以供参考借鉴。

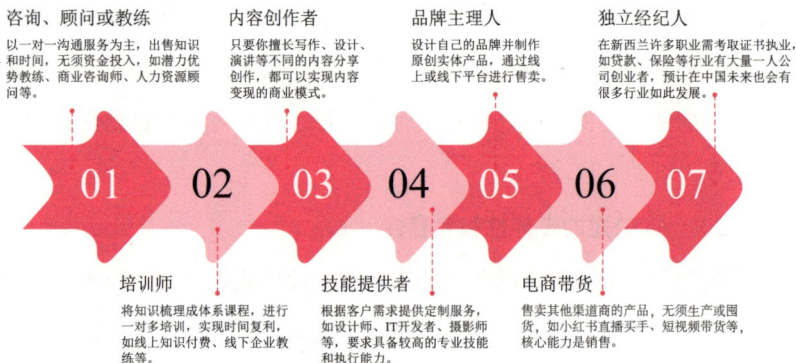

咨询、顾问或教练
以一对一沟通服务为主，出售知识和时间，无须资金投入，如潜力优势教练、商业咨询师、人力资源顾问等。

内容创作者
只要你擅长写作、设计、演讲等不同的内容分享创作，都可以实现内容变现的商业模式。

品牌主理人
设计自己的品牌并制作原创实体产品，通过线上或线下平台进行售卖。

独立经纪人
在新西兰许多职业需考取证书执业，如贷款、保险等行业有大量一人公司创业者，预计在中国未来也会有很多行业如此发展。

01 02 03 04 05 06 07

培训师
将知识梳理成体系课程，进行一对多培训，实现时间复利，如线上知识付费、线下企业教练等。

技能提供者
根据客户需求提供定制服务，如设计师、IT开发者、摄影师等，要求具备较高的专业技能和执行能力。

电商带货
售卖其他渠道商的产品，无须生产或囤货，如小红书直播买手、短视频带货等，核心能力是销售。

图 2-1　一人公司常见的业务形态

第一个是咨询、顾问或教练。以一对一沟通服务为主，出售知识和时间，无须资金投入。比如，我们"自由人生教练"平台培训的潜力优势教练，和我一样的独立商业咨询师、人力资源顾问、独立的瑜伽教练、营养顾问等。只要你有自己的专业知识和技能，都可以从出售自己的单位时间和知识与技能开始零成本创业项目。就算你还在职场，也可以利用自己的职业经验，来给入行晚辈或新人提供一些相关的教练咨询。

第二个是培训师。不同于一对一出售时间，培训师可以把自己的知识梳理成一个体系课程，通过一对多的培训来实现时间复利。比如，你可以像我一样，把自己在某个领域的知识经验开发成一个体系化的课程，多次售卖。除了常见的线上知识付费以外，还有线下的企业教练、企业培训师、家庭教师、独立的课外辅导师，其实都是一人公司培训师创业的形态。

第三个是内容创作者。这几年最火的数字游民就是博主。为什么内容创作者很赚钱？因为过去十年，随着新媒体的发展，内容营销成为企业品牌的主流营销方式，过去企业的广告费花在电视、杂志、地铁站广告牌上，而现在几乎每个企业品牌都要做新媒体的广告投放，邀请有一定粉丝量和影响力的博主，通过创作优质的短视频或图文内容，来推广企业品牌或产品，粉丝基于对博主的信任而产生购买行为。博主只是内容创作者的一种，作家、专栏写手、播客主等以不同形态创作内容的人都在通过内容创作实现变现。比如，现在很多人开通自己的知识星球、小报童，进行定期的知识内容更新，就可以收取订阅费。公众号、视频号、小宇宙播客等新媒体平台也开始尝试收费订阅的方式来帮助内容创作者赚取收入。所以，只要你擅长写作、设计、演讲等不同的内容分享创作，都可以实现内容变现。

第四个是技能提供者。不同于知识课程变现，技能提供者通常是根据客户的需求提供一些定制服务。比如，设计师、IT（信息技术）开发者、编辑、翻译、摄影师、剪辑师、婚礼策划师、定制旅行师等，提供的都是定制服务。提供定制服务要求具备较高的专业技能和执行能力。我有一位朋友，在新西兰以摄影为副业，一个人一台相机，周末给人拍生活写真，两个小时拍摄、精修十张照片，收费一百多美元。这完全是基于她对摄影的热爱。后来她积累了自己的客户，也在实践中精进了自己的技能。收到正反馈后她越来越有自信，现在辞职去欧洲学摄影了，依然可以一边读书一边靠摄影赚钱。

第五个是品牌主理人。品牌主理人通常是指自己开店的店主、手艺人、摊主等，销售实体产品。比如，常见的线上开淘宝店卖原创设计品牌的店主，线下自己开工作室的手作人。他们设计自己的品牌，制作一些原创的实体产品，通过线上或线下平台售卖。这有些类似于传统开店的创业方式，也是很多人选择的一人公司创业类型。

第六个是电商带货。电商带货通常卖的不是自己的产品，而是卖其他渠道商的产品，他们不需要生产商品，也不需要囤货，只需要销售商品赚取利润，由渠道商或品牌方自主发货。比如，小红书直播买手、短视频带货、知乎的图文带货，都是在平台的选品中心选择合适的商品，通过直播、短视频、图文的方式挂上链接，直接销售。除此之外，一些微商、跨境电商等也用的是类似的变现方式。自己不需要压货，而是无货源模式，需要具备的核心能力就是销售。

第七个是独立经纪人。在新西兰，很多职业需要考取相关的证书并在相关机构和法律的监管下才能执业，如贷款、保险、卖房、移民等，因此这些行业有大量的一人公司创业者。相信不久的将来，中国也会有越来越多行业更加成熟和规范，有执业资格认证就可以独立从事相关的职业。其实这几年随着个人品牌越来越火，IP 助理和操盘手等就相当于独立经纪人的角色。

以上是常见的一人公司创业者会选择的方向，也是一个人低成本可以变现的类型，相信未来还会有更多的一人公司创业模式。我们发现，在这个时代，很多赚钱的职业都是创造出来的。以前许多人会觉得创业是一个离自己很遥远的词，而在个人商业时代，**"创业"可以理解为"给自己创造一份事业"**，并不需要雇很多员工，也不一定要租实体店铺或投入很多资金，通过互联网，每个人都可以将自己的热情、兴趣和才能转化为一份为自己量身定制的事业。通过这种方式，不仅能够实现自我价值，也能获得更自由的生活方式。

每个人都应该去探索和做自己所热爱的事情，无论这个事情看起来多么平凡或超出传统的工作范畴。能够把自己热爱和擅长的事情变成一份事业，不仅会给我们带来职业上的成功，还会带来生活上的满足和幸福。在一人公司创业的世界里，每个人都有机会成为自己生活的艺术家，创造出独一无二的事业。

2.2 找到可以快速开启的商业机会

2.2.1 瞄准你身边的潜在客户

如何才能快速开启个人商业变现，创立自己的一人公司呢？

商业的本质是利他。对于普通人而言，最快开启个人商业的方式，就是从调研身边的人开始，找到他们有什么需求和问题，哪些是可以通过你擅长和热爱的事情帮他们解决的。

我的很多学员都反馈，在打造自己的个人品牌之前，根本不知道自己微信里的好友都是干什么的，甚至很多微信好友一句话都没说过，早就忘了是如何添加上的。这就是一种人脉和资源的浪费。如果你仔细了解和调研一下身边的亲朋好友，会发现有很多潜在的商机。如何进行身边潜在客户的调研呢？下面提供几个角度供参考。

（1）职业分类调研

对于身边的人脉，首先可以从他们的职业着手。不同职业的人面临着不同的挑战和需求。

企业员工。他们可能面临职场晋升、工作效率、团队协作等问题。如果你擅长职业规划、求职面试或团队建设，这些都可能是你提供服务的机会。

自由职业者。他们可能需要客户资源、时间管理或专业技能提升。如果你有相关的网络资源或专业知识，可以为他们提供咨询或培训服务。

家庭主妇。她们可能对家庭教育、健康饮食或亲子育儿感兴趣。提供相关的在线课程或咨询服务，可以满足她们的需求。

（2）家庭背景分析

家庭是社会的基本单元，围绕家庭需求，总是存在着商机。

有小孩的家庭。这类家庭可能对儿童教育、亲子活动或出国留学有需求。如果你在这些领域有知识或资源，可以开发相关的产品或服务。

独居老人。他们可能需要健康管理、日常陪伴或生活照料服务。提供这类服务，可以帮助他们改善生活质量。

（3）兴趣爱好挖掘

人们愿意为自己的兴趣爱好投入时间和金钱。了解身边人的兴趣爱好，可以帮助你发现潜在的商业机会。

运动爱好者。他们可能对运动装备、健身课程或户外活动感兴趣。提供相关产品或组织活动，可以吸引他们的注意。

美食爱好者。他们可能对烹饪课程、美食分享或特色食材感兴趣。

举办相关活动或提供特色食品，可以满足他们的需求。

（4）社区经济中的机遇

社区是一个微观的市场体系，里面蕴含着各种需求。

社区服务。很多社区居民可能需要家政、维修或美容服务。在社区内提供这些服务，可以快速吸引客户。

社区教育。针对社区内孩子的兴趣课程、成人的瑜伽健身课程等，都是社区教育领域的需求。

（5）技术或专业技能的利用

如果你拥有特定的技术或专业技能，可以根据周围人的需求来提供服务。

IT技术。如果你精通计算机和互联网技术，可以为那些不擅长这些技术的人提供培训或咨询服务。

艺术创作。如果你擅长绘画、音乐或写作，可以开设相关课程，或提供个性化的创作服务。

（6）跨界合作的可能

寻找不同领域合作的可能性，也是一种快速开启个人商业的方式。

结合本地商家。与本地的咖啡店、书店等合作，举办主题活动或提供联合服务。

线上与线下相结合。利用线上平台扩大影响力，同时提供线下实体服务或活动，以增强客户体验。

总而言之，开启一人公司创业，想快速开启变现的方式之一在于发现并满足身边人的需求。通过深入了解周围人的职业、家庭背景、兴趣爱好以及社区需求，你可以发现无数的商机。重要的是，始终保持对身边环境的敏感度和对需求的洞察力，将你擅长和热爱的事情转化为满足这些需求的产品或服务。通过这样的方式，不仅能够实现个人职业的发展，还能够在帮助他人的同时实现自己的梦想。

2.2.2　抓住人性的需求层次

想要快速找到商业机会，除了从身边可以触达的人群出发挖掘用户需求，还可以利用马斯洛的需求层次理论寻找突破口。

马斯洛的需求层次理论（Maslow's Hierarchy of Needs）是由美国心理学家亚伯拉罕·马斯洛（Abraham Maslow）于 1943 年提出的一种经典心理学理论。该理论提出，人类的需求可以分为五个层次，并以金字塔的形式呈现，每一个层次的需求在一定程度上得到满足之后，才会激发更高层次的需求。

这五个层次的需求从下往上分别是生理需求、安全需求、爱与归属需求、尊重需求、自我实现需求。如图 2-2 所示。每一个需求层次对应的是不同的商业机会。

图 2-2　马斯洛需求层次

（1）生理需求

生理需求包括食物、水、空气、睡眠、衣物和避难所等。这是人类最基本的需求，只有这些需求得到满足，个体才能生存。生理需求也是受众范围最广的商业机遇，提供与这些基本需求相关的产品或服务，尤其是在有供需缺口的地方，是一个永恒的商业机会。例如，现在人们压力很大，睡眠质量下降，就有人提供收费的疗愈音乐，或者售卖眼罩、枕头、安神香薰等。

（2）安全需求

安全需求包括身体的安全、健康、财产安全、就业保障以及避免灾害和威胁等。这一层次的需求涉及个人对环境的安全感和稳定感。比如，保险经纪人、金融咨询师、健康管理咨询师等的出现都是为了满足人们对于财产和健康安全的需求，职业规划师、商业教练的出现也是为了满足人们对于就业和收入保障安全的需求。

（3）爱与归属需求

爱与归属感是人们在满足了生理和安全需求之后自然产生的社交需求，包括友情、爱情、家庭关系和社交联系等。人们需要感受到被爱和归属感，需要与他人建立深厚的关系和联结。线下游学、读书会、社群等付费产品的出现就是满足了人们的社交需求。

（4）尊重需求

尊重需求包括自我尊重、成就感、荣誉感、地位和他人的尊重等，既包括内部的自我评价，也包括外部的社会认可。近年来，短视频兴起之后很多创始人开始打造个人IP，运营自己的短视频账号，发布带有个人价值观的内容和知识"干货"，因此帮助创始人提升在社交媒体上的影响力和品牌价值，提供专业的品牌建设和内容服务，就是在满足他们的尊重需求。

（5）自我实现需求

自我实现是指个体充分发挥自己的潜能，实现个人的理想和抱负，包括自我成长、实现个人理想和目标、激发创造力和取得个人成就等。例如，近几年身心疗愈备受欢迎，很多人开始学习和提供心理疗愈、人生教练、职业指导等服务，帮助人们探索自我、挖掘优势、发挥潜能。

我们会发现几乎所有的商业机会都包含在马斯洛需求层次中，都是为了满足人们的不同层次需求而衍生出的不同类型的产品，所以如果你想在一人公司创业方面寻找更多的机会，或者你已经有了一个大概的方向，想深挖一些用户需求和痛点，都可以借助马斯洛需求层次理论来思考一下，在你想创业的方向上，有哪些产品可以满足哪一个层次的、什么样的具体需求，也就可以找到自己的商业定位了。

2.2.3　做出最小可行性产品

找到商业机会之后，要快速进行市场验证，测试你的想法是否符合市场预期，因而需要快速制作出最小可行性产品（minimum viable product，MVP）。这种策略允许你以最小的资源投入来测试市场对你的产品或服务的反应，从而减少风险并快速地满足市场需求。

最小可行性产品是指在不牺牲产品核心功能的前提下，以最快的速度和最低的成本制作出可以供客户使用的产品。MVP 的目的是尽早获得客户反馈，以便迭代和完善产品。对于一人公司创业者来说，MVP 不仅可以快速测试市场，还可以节省资源，避免在未经验证的产品上投入过多。

很多创业者会失败就是因为"想得太多，做得太少"。每个人的精力都是有限的，当你花了很多时间在思考上，就会剩下很少的时间去行动。创业者必备的特质就是勇于尝试和犯错，尤其是在探索期。MVP 的设计和市场投放，是最小成本的试错尝试，一定要"快、准、狠"。

"快"是指你一旦有了好的商业点子，立刻就去干，先做一个可以售卖的 MVP 出来，不要纠结于到底先做 A 产品还是先做 B 产品，哪一个产品最简单、最快做出来，就先做哪一个产品。

"准"就是在开发产品的过程中脑子里要有对应的目标客户，你可以在开发产品的时候，把你身边有可能购买这个产品的客户名单列出来。产品一出来，立刻向他们销售，而不是广撒网，这样可以帮助你节省时间，快速收集用户反馈。

"狠"是指如果 MVP 投放市场之后，努力营销依然没有人购买，你认为这个商机判断错误，那么立刻就放弃，不要内耗，马上开启新的 MVP 尝试；或者别人购买后觉得产品不好，提出了很多意见需要改进产品，那么立刻去改进，不要因为别人的批评而自我怀疑。

在创业的路上，你会发现你的行动力越强，内耗就会越少，内心也会被磨炼得越来越强大。既然选择了创业，就要接纳不同人的声音和评判，同时筛选对自己有利的建议，帮助自己成长。

以下是一些适合一人公司的 MVP 类型参考，它们大多是知识技能产品或服务，因为这样的产品或服务是你一个人可以打造出来的，并且不需要太多成本，生产效率会很高。

（1）教练咨询

一对一的教练或咨询是我推荐所有一人公司创业者必备的 MVP，因为前期和大量客户进行沟通是非常必要的，这一过程不仅是在验证 MVP，也是在搜集客户真正的需求和痛点，而且能和客户建立信任关系，便于后续的销售转化。一对一的教练咨询产品设计也是最简单的，你只需要给自己做一张海报，在海报上介绍你是谁、你能够帮助谁解决哪些领域的问题以及价格和联系方式就行了。这张海报就是你的 MVP 营销展示页面，你既可以直接发到朋友圈，也可以私信给潜在客户，还可以上架到你的自媒体橱窗里，或者让朋友帮你转发。我开发的"超级主页"微信小程序，就是专门给提供一对一教练咨询的创业者使用，可以把自己的个人履历、服务产品和课程上架到"超级主页"，方便生成便于传播的海报，客户也可以在小程序里下单，留评价和写推荐信。

（2）在线课程

如果你已经非常清楚目标客户的需求，并且拥有完整的知识体系或解决方案，那么可以设计一个在线课程，分享你的专业见解和知识。在探索期，建议推出直播课，这样可以现场和客户互动答疑，增强信任感和客户关系。如果你对于现场直播课的讲授和互动不是十分有信心，可以先做录播课。录播课的好处是可以反复售卖，实现时间复利。

（3）电子书或指南

如果你没有太多时间做一对一咨询或课程，最简单的 MVP 是撰写一份关于你专业领域的电子书或实用指南，这是一种成本低、易于分发的 MVP 类型。例如，小红书上有很多人在卖 Notion[①] 和电子手账模板，积累了大量的客户之后，后续也可以根据客户需求开发系统课程指导。

（4）定制产品

如果你的专长是手工艺或设计，可以考虑提供定制产品，如手工珠宝、家居装饰品或任何你擅长制作的物品。除了实体产品之外，如果你有特殊的技能，也可以提供虚拟产品，如定制海报、微信表情包、网页等。

① Notion，指提供笔记、任务、维基和数据库的一体式工作空间。

（5）内容订阅

如果你能提供持续有价值的内容"干货"，如定期的市场分析、100个赚钱小窍门、AI 最新的知识工具等，就可以做一个付费内容订阅的产品，如可以使用知识星球、小报童来创建一个付费专栏，吸引特定领域感兴趣的用户持续关注。如果你原创的"干货"内容持续输出比较困难，还有一种变现形式，就是"内容策展"。内容策展源于艺术策展的概念，即将其他优质博主的内容甄选出来，进行分类展示，便于消费者快速查找和阅读。目前就有一些人将海外优质博主的内容翻译出来，搭建不同主题的知识库，以此作为内容策展产品，再通过收费订阅实现变现。

（6）会员社群

建立一个围绕特定主题或兴趣的在线社群或会员俱乐部，也是一个很好的 MVP，你可以提供一些仅限会员参加的活动来创造社群价值。

通过开发最小可行性产品，一人公司创业者可以较低的风险测试市场，快速学习并满足客户需求，同时可以先利用一个小的产品跑通自己的一人公司商业闭环，这样可以最快找到自己的创业优势和技能短板，后续可以有效地取长补短。要记住，**MVP 是一个动态的过程，关键在于快速迭代和不断优化，以确保产品满足市场的真实需求。**

2.3　个人创业者必备的教练技术

2.3.1　为何要掌握教练技术

辅导了上百位个人创业者打造个人品牌之后，我发现很多人在商业上遇到阻碍不是因为他们不知道方法或技巧，而是因为他们内在的纠结与迷茫。很多人对自我的认知是不清晰的，在定位上反复纠结，即便开始行动之后依然会自我怀疑和内耗。于是我把教练技术融入商业辅导中，通过教练对话帮助创业者进行深度自我探索，通过学习教练技术帮助他们掌握激发自我和他人潜力的沟通技巧。

（1）何为教练

教练技术是一种强有力的沟通和个人发展工具。该技术起源于体育领域，后来广泛应用于商业、教育和心理咨询等多个领域。教练技术的核心在于通过有深度的问题引导对方进行自我探索，从而使他们找到解决问题的答案、激发个人潜力和实现绩效增长。

国际教练联合会（International Coaching Federation，ICF）对教练的定义是：与客户合作，在发人深省和创造性的过程中，激励他们最大限度地发挥个人和职业潜力。教练过程通常会释放出以前未被开发的想象力、生产力和领导力。

ICF 所定义的教练，有以下几个关键点。

第一，与客户合作。教练与客户的关系并不是导师与学生的关系，也不是居高临下、我比你厉害的关系，而是平等合作的关系。所以教练不一定要在某一个专业领域比客户厉害，然后才能去做教练，这就是教练与职业指导和人生导师的根本区别。

第二，在发人深省和创造性的过程中。教练的工作是与客户在对话的过程中通过不断提问，引发客户的深度思考和创造性，对话的过程就是聆听和发问的过程。对客户而言，就是通过深度思考，将教练作为一面镜子，照见自己固有的行为模式，从而跳出自己的限制性思维，换个角度去思考问题。教练与心理咨询的区别在于心理咨询是面向过去，让你回忆过去的经历，从而找到问题的根源；教练是面向现在和未来，会以客户当下或未来想要实现的目标为出发点去进行探索。

　　一场专业有效的教练对话不仅关注问题的解决，还会关注客户的信念与价值观，以及客户的愿景和理想。因此，教练定义的第三个关键点是激励客户最大限度地发挥个人和职业潜力。教练相信每个人都是"本自具足"[①] 的，每个人都是自己的人生专家。所以教练不会告诉你答案，而是通过专业的对话启发你找到专属于自己的答案。这就是教练与咨询师的区别。如表 2-1 所示。

表 2-1　教练和导师、咨询师、疗愈师的区别

对话过程	导师	咨询师	疗愈师	教练
想法	我的经验是……我知道如何解决……	我是专家，你付钱，我回答你的问题	我会帮你治愈过去	我要如何帮助你学习；我们希望抵达的目标是什么
陈述	我的做法是……	这是解决问题的方法……你应该这样做……	给我讲讲你的过去……你经历了什么……	你尝试过什么努力？结果如何……还有什么其他可能性或选择吗……
行动	指导和建议	方向、方法、技巧和信息	精神分析疗法；深层反省；接纳	探索、尝试，学习新的工作和思维方式，实现个人和职业成长

----

① "本自具足"这一概念出自佛教，源于六祖慧能的名言"何期自性，本自具足。"这句话的意思是每个人的内在本性已经具备了圆满的状态，内心并不缺乏任何东西，因此不必过于计较外在世界的得失。

通过表 2-1 我们可以更好地了解教练与导师、咨询师、疗愈师的区别。这些角色都是通过对话来提供服务，但是对话的过程是完全不同的。

导师倾向于基于自己的经验，分享自己的想法和处事方法，直接给出指导和建议。

咨询师是基于自己在某个行业的专业积累，分享专业经验和知识，告诉客户方法、技巧和信息，相当于靠信息差赚钱。

疗愈师或心理咨询师，偏向于探索来访者的痛苦经历，从而找到过去对现在的影响，帮助来访者进行深层次的反省和接纳。比如，很多人在童年没有获得足够的关注和爱，或者受过一些心理的创伤、受原生家庭的影响，这些都会对其成年后的性格、价值观、思维模式产生影响。

教练是什么呢？教练和心理咨询有些类似但又有很大区别。教练也会帮助客户探索过去，但不会应用心理咨询的技术疗法去深度探索，而是更关注客户当下的状态和想要实现的目标和未来。**教练是帮助客户探索、尝试和学习新的工作和思维方式，从而实现个人和职业的成长**。因此，基于我个人的理解，教练更像是帮助强者更强的一种角色。教练在国内更多运用在企业里，用于提升管理者和员工的生产力和领导力，从而提高企业的利润和效益。

作为教练，要区分自己与其他角色的不同。如果客户需要的是指导、建议、方法，那么这位客户其实需要的是一名导师或者咨询师。如果这位客户有很多心理创伤和情绪问题，而没有明确的目标，那么他可能更需要一位疗愈师或心理咨询师。

教练并不是万能的，纯粹的教练技术并不能满足所有客户的需求。因此，对于教练行业的创业者而言，要把教练技术加持在自己的个人成长和专业技能的发挥上，要融会贯通，把教练技术和所擅长的其他专业能力结合起来，从而释放出更大的能量和效果。

（2）创业者如何利用教练技术

比尔·盖茨说过："每个人都需要一位教练。"一人公司创业者也需要教练，如果你觉得聘请一名专业教练的成本太高，那么也可以自己学习教练技术，进行自我教练。

我们都需要别人给予反馈，通过这些反馈，我们才能成长。除了成长以外，教练对话可以帮助我们探索内在动机，进行企业培训，提升技能，解决问题，激发潜力，达到成功的目标。

很多人以为教练就是提问，真正的教练对话远不止提问这么简单。在日常的沟通过程中，人们习惯于单向表达自己的观点、情绪，想要自己被别人理解或者想要说服别人，每个人关注的都是自己的想法。而教练式沟通，要放下自己的意图，考虑对方的感受，倾听对方的想法，通过有效提问、深入沟通和真诚回应，让对方感受到被接纳。因此，教练式沟通能够有效提升一人公司创业者倾听和挖掘客户需求的能力，与客户建立良好的信任关系。

在普通的沟通中，人们一般只关注自己的想法，当别人的想法和自己不一样时，就会出现批判、争论、冲突。而教练式沟通是完全地信任，带着好奇心去了解对方，而不是要求对方按照我们的标准和想法做事。在一场教练对话里，教练需要以客户喜欢的方式去进行沟通，了解对方真正的意图，而不是表面的行为、语言或情绪。所以教练技术的要点就是放下评判。这对于一人公司创业者而言非常重要，因为创业的路上会遇到很多的困难，如果我们总是评判他人、评判自己，就会消耗大量的心力。教练技术的学习可以帮助创业者提升自我觉察能力，保持客观冷静的判断。

除此之外，在日常的沟通里，人们习惯性地隐藏自己真实的想法，觉得多一事不如少一事，或者为了避免冲突。比如，我们可能违心地奉承别人，会掩饰自己不舒服的感受，会把想说的话放在心里。而教练的沟通需要根据自己的好奇心不断发问，直接向对方反馈我们的观察，不断去与对方核对，以客观中立的态度回应对方，而不是猜测对方这句话是什么意思，把自己的感受埋在心里。

对于创业者而言，强大稳定的心力是核心。一个总是纠结内耗、自我怀疑的人，做任何事情都很难有结果，而创业者需要强大的自信去克服困难、勇敢向外展示自己。学习教练技术，就是深度自我觉察→改变自己的潜意识→突破限制性信念和固有的思维模式的过程。经过长时间的练习之后，不仅可以清空自己的执念，放下对他人的评判，保持开放的心态，去洞察和理解他人，也会接纳自己，放下对自己的评判，建立真正的自信，减少情绪内耗。只有自己的心力提升了，才能成为一名有能力帮助他人的创业者。

简而言之，掌握教练技术对于个人创业者而言有两个方面的好处：向内看，可以提升自己的心力和自信，保持稳定的情绪和状态；向外看，能够激发客户的潜力，提升沟通服务，促进客户的成长。

2.3.2　教练对话的 GROW 模型

如图 2-3 所示，GROW 模型是一种广泛应用于教练和个人发展领域的有效工具。GROW 模型是通过一系列有结构的问题，引导被教练者（coachee）探索自身的目标、现状、选择和行动计划。这一模型特别适用于一人公司创业者明确创业目标，并且找到实现这些目标的路径和方法。

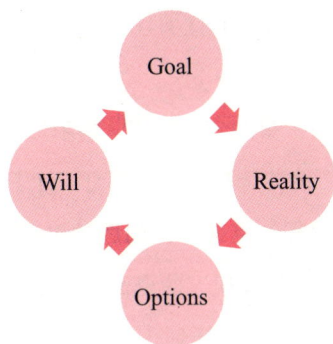

图 2-3　GROW 模型

　　GROW 模型由英国商业教练 John Whitmore 于 20 世纪 90 年代提出。该模型基于运动心理学和商业教练的实践，通过一系列简单而有效的问题，帮助人们明确目标、评估现状、探索可能的行动方案，并做出承诺以实现这些目标。自从提出以来，GROW 模型因简单性和高效性，迅速应用于领导力发展、员工教练和个人生涯规划等多个领域。

　　这一模型之所以受欢迎，是因为它为解决问题提供了清晰的结构。在快速变化的商业环境中，企业和个人创业者面临着诸多挑战，GROW 模型提供了一种动态和参与式的思考框架，帮助管理者和员工更好地适应变化，提高决策质量。GROW 是四个单词的缩写，代表着目标（goals）、现状（reality）、选择（options）和行动计划（will）。

　　目标：确定短期和长期的目标。这些目标应该是具体的、可衡量的、可以实现的、相关性强的和有时间限制的。

　　现状：了解当前的现状。包括面对的挑战、已有的资源和已经采取的行动。

　　选择：探索所有可能的选择和解决方案。充分利用创造性思维和开放思维进行头脑风暴。

行动计划：制订一个具体的行动计划。确定下一步要做什么，何时开始，如何监测进展等。

GROW 模型主要用于帮助个人或团队清晰地定义目标，理解实现这些目标的现实障碍和可能的选择，最后制订一个具体的行动计划。这一过程既是自我发现的旅程，也是解决问题的过程。利用 GROW 模型，可以根据个人商业的目标梳理现有的资源和面临的挑战，探索可能的解决方案，从而确定下一步的行动计划。

2.3.3　教练对话的六步流程

根据 GROW 模型，可以把教练对话简单拆解成六个步骤，以快速应用到日常工作和生活中，帮助创业者更好地倾听和理解客户需求、明确自身的目标和提高决策质量。尤其是对于知识技能变现的个人创业者而言，如咨询师、独立老师等，掌握教练对话技术，可以助力你和客户建立深度信任关系，提升沟通效率，并且有力地激发客户的行动力。在日常的工作沟通中，教练技术也可以用于访谈调研，深度了解潜在客户和市场需求。如果你从来没有提供过专业的一对一咨询服务，可以参考以下流程。

● 第一步：开场破冰，建立信任

在进行对话之前，需要营造一个开放、非评判、平等的沟通环境，确保客户是舒适的，愿意分享自己真实的想法。

提问示范：

- （闲聊几句）你现在居住在哪个城市？你从哪里了解到我的？

- 很高兴和你沟通，你遇到了什么问题呢？

● 第二步：倾听问题，达成协议

很多时候客户提出的问题可能比较模糊或复杂，在一场教练对话中一般只聚焦一个问题，因此需要澄清在本次沟通中客户最想解决的问题是什么，以便在结束对话的时候衡量是否已经帮助客户实现了想实现的目标。

提问示范：

- 今天你要探索的议题或想达成的目标是什么？
- 这个目标对你有怎样的意义？
- 你希望我们今天聚焦讨论哪个具体的问题？
- 对于这个问题，你最希望解决的是什么？
- 实现了这个目标，之后你会怎么样？
- 你如何衡量自己是否达成了目标？
- 你内心真正想要的是什么？
- 你提到的 ×× 是什么意思？
- 对于这个目标，你有多大的控制力或影响力？
- 在实现这个目标的过程中，有什么可以作为里程碑？
- 你想什么时候实现这个目标？
- 你希望通过这次对话达到什么样的效果？

● 第三步：了解背景，鉴别目标

教练需要带着好奇心，通过中立的、开放式的问题去探寻客户当前的状况，了解客户的需求、挑战、期望和担忧。在这一步要警惕自己的前提假设。没有经过专业培训的人，在一开始练习教练对话的时候会带入很多自己的想法和假设，因此很难以"空杯"的心态倾听他人，也会导致对话无法达到理想的效果。

提问示范：

- 你遇到了什么困难呢？
- 你能具体描述一下这个问题吗？
- 相对于目标的位置，你现在在哪里？
- 你采取了什么行动去实现目标？
- 什么是你想做却没做到的？
- 你周围的人怎么看待这件事？
- 此刻你的感受是什么？
- 关于××这一点，你可以具体展开说说吗？
- 这个问题是如何影响你和你的业务的？

● 第四步：激发觉察，探寻方案

经过许多开放式的提问之后，客户在描述的过程中通常会有很多新的发现，这些新的发现十分关键，会让客户意识到自己深层次的需求和动机，并且能够探索出过往没有发现的新的视角。

提问示范：

- 描述这种情况时，你有什么感受或发现？
- 你认为哪些因素可能导致了这个问题？
- 在这个问题中你发现了自己的哪些强项或弱点？
- 要解决这个问题，你有哪些方法？
- 你觉得有哪些可能性？
- 有什么样的资源可以支持你？

- 类似的情况，以前的你是如何做的？
- 如果钱和时间都不是问题，你会怎么做？
- 如果你实现了目标，会有什么不一样？

● 第五步：确认意愿，实施行动

通过逐步激发客户的自我觉察，帮助客户找到解决问题的方法之后，还需要确认客户可以去行动，而不是"知道却做不到"。因此要和客户确认行动的意愿和具体的计划。如果你是咨询师，可以在确认了客户有强烈的意愿去行动之后，再给出一些补充建议。

提问示范：

- 接下来你想做怎样的改变？
- 你打算如何实施这个计划？
- 为了确保计划的实施，需要设定哪些具体步骤？
- 未来你可能遇到的挑战是什么？你将如何应对这些挑战？
- 要完成这些行动，按 1~10 分打分，你的承诺是几分？
- 是什么阻碍你没有打到 10 分？
- 你可以做些什么，把分数提高到接近 10 分？
- 为了使自己前进一步，接下来你可以做的一个小行动是什么？
- 你准备什么时候开始这个小行动？

● 第六步：提升能量，闭环总结

当客户已经有强烈的意愿去行动，并且有了清晰的行动计划时，教练还要帮助客户提升能量状态，激发他们的潜力和内驱力，同时为这场对话做一个总结。

提问示范：

- 我们的对话进行到现在，你感觉怎么样？

- 你可以总结一下今天这场对话的收获吗？

- 还有什么是接下来在你行动过程中希望我可以帮助你的吗？

- 如果你实现了行动和目标，你会如何奖励自己？

- 最后，你想用什么样的方式结束今天这场对话呢？

掌握以上教练对话的六个步骤，不仅可以帮助我们更好地和客户沟通，也可以和合作伙伴共同探索目标和行动。每一位一人公司创业者都可以利用这六个步骤，结合自己专业领域的知识，设计自己的产品。

2.4　聚焦细分定位，提升竞争力

2.4.1　不同导向的定位方法

在创业之初，如何找到适合自己的细分定位是一个让很多人头疼的问题。通常会遇到三个问题：第一个问题是不知道自己擅长什么或喜欢什么，不太了解自己，缺乏对自我的深度探索；第二个问题是不知道如何突出个人的优势和特点，不懂自我营销，不会根据个人优势设计产品；第三个问题是不知道哪个方向更有市场价值，缺乏商业思维和敏感度。

针对以上三个问题，可以采取不同的定位导向方法。这些定位导向方法涉及的内容大致相同，但思考和执行的顺序不同，每种方法都适用于不同的商业要求和环境。

● 第一种：个人定位——资源能力导向的定位

刚开始创业或打造个人品牌时，如果不清楚自己的目标客户，对市场的敏锐度又较差，那么最容易的就是从自己的资源能力出发去定位。这种方法强调个人创业者从自身的强项、专业知识、技能和其他资源来确定业务方向和市场定位。资源能力导向的定位特别适合那些拥有独特技能或知识的个体，在创业之初可以将自己的知识技能转化为核心竞争力。找准个人定位和探寻人生使命殊途同归，如图2-4所示，在热爱、擅长、有社会价值和能够实现变现四个圆环的交集部分，就是个人定位。

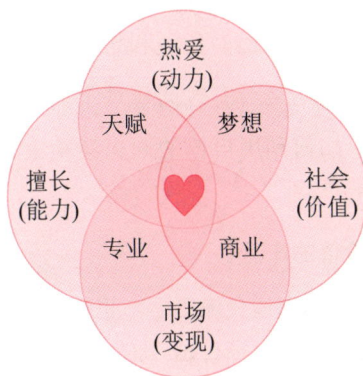

图 2-4　个人定位

要实现精准的个人定位，可以遵循以下几个步骤。

（1）深度分析评估自己的资源和能力

从自身出发去寻找定位，就要进行自我剖析，第一步就是审视分析自己的技能、知识、资源、经验、热爱天赋、人脉关系等，评估哪些是强项优势、哪些是短板劣势。找到自己独特的知识技能、经验天赋，然后思考如何利用它们帮助别人解决问题。可以先列出你热爱和擅长的事情，以及你的天赋和专业方向，然后从中筛选哪些可以帮助他人，或者可以传授给他人，也就是具备了社会和商业价值。

（2）确定市场需求和机会

除了以自己的资源和能力为出发点去寻找定位，还需要匹配市场和用户需求，因此不能自己瞎琢磨，需要做一定的用户调研或者访谈，以深入了解目标用户的痛点需求是否符合你的设想，你是否可以利用自身的知识、技能、资源去满足目标用户的真实需求。找到自身的资源、能力和用户需求的匹配点，是个人定位的关键。比如，你是一位擅长做计划和时间管理的全职妈妈，分析了自身的资源和能力之后，找到的定位方向是帮助全职妈妈进行时间管理，但这是不是全职妈妈的痛点和诉求呢？不能仅凭自己的猜测和想象，可以做一些问卷调查或者访谈，来了解全职妈妈是否有时间管理上的困难，以及具体的痛点在哪里，然后去分析如何利用自己的知识经验来帮助她们解决具体的痛点。

（3）创造独特价值的产品

在和不同的全职妈妈沟通交流之后，也许你会发现全职妈妈面临的最大痛点不在于家庭生活的时间管理，而在于育儿教育和自己成长上的时间管理，那么你就可以根据这一特定的需求来设计妈妈和孩子一起成长的时间管理课程，你的时间管理技能培训就会和市面上的时间管理有很大的差异化，也就具有了竞争力。你只服务于特定的人群解决特定的问题，而这一过程中是利用你独特的知识经验，因此你的定位就会具有独特性。根据自身优势、市场需求和资源能力的匹配，就可以构建独特的产品或服务，以满足客户需求。

（4）持续优化和提升

创业的过程就是一个动态变化的过程，个人定位并非一成不变，需要随着市场环境和个人发展而不断调整和优化。要关注行业动态，持续提升自己的能力和知识储备，以满足不断变化的市场需求。

资源能力导向的定位是一种有效的个人定位方法。它要求我们审视自身优势，挖掘核心竞争力，并为客户提供独特的价值。通过这种方式，我们可以在激烈的市场竞争中找到自己的位置，实现个人和事业的发展。

● 第二种：产品定位——竞争优势导向的定位

产品定位的方法强调从竞争优势出发寻找产品的独特卖点（unique selling proposition，USP），以区别于竞争对手，吸引特定的客户群体。如图 2-5 所示，先进行宏观的行业分析，然后在行业内找到竞争对手，进行竞品分析，对比竞品找到自己的差异化优势卖点之后设计自己的产品解决方案。

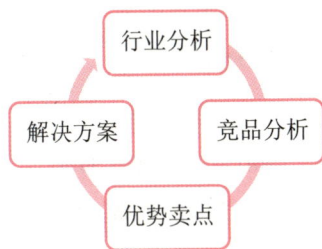

图 2-5　竞争优势导向定位

竞争优势导向定位的核心在于创业者应该关注市场竞争态势，不要贸然确定自己的产品定位，要先研究竞争对手的产品、服务和营销策略。通过这种方式，可以发现自身能够提供但竞争对手未涉及的独特价值，进一步构建以差异化优势为中心的产品策略。产品定位可以遵循以下步骤。

（1）研究行业趋势

首先要确定所选的行业是呈上升趋势的，而不是处在衰退期。例如，近年来城市的购房需求趋于饱和，房产行业下行，作为一名普通的室内设计师，如果只做居民房的室内设计就会发现越来越难接到单了。而疗愈行业呈爆发式增长，疗愈空间如雨后春笋般涌现，如果可以定位疗愈空间的室内设计，聚焦增长行业去打造自己的产品，就可以顺势而为，享受时代的红利。

（2）了解竞争对手的产品、服务和营销策略

选对行业之后，创业者需要对行业内竞争对手的产品、服务和营销策略进行全面深入的了解，包括了解竞争对手的产品特点、服务品质、价格策略、营销渠道等。所谓"太阳底下没有新鲜事"，很多时候我们的一些想法也许其他人已经在做了，那么我们就可以快速从他人的竞品中学习他人哪些地方做得成功，盘点哪些地方做得不好、需要改进，以此为基础，找到自己的产品定位，取长补短，打造差异化优势。

"先模仿，再超越"是最适合普通人创业的路径。因此，前期可以购买一些竞品，从用户视角做深度的竞品调研。

（3）识别自身独特价值

在深入了解竞争对手的基础上，创业者应着力发掘自身的独特优势。自身的独特优势可能包括技术创新、产品质量、服务特色、愿景文化等方面。通过挖掘这些独特优势，并且将这些优势融入品牌和市场策略中，可以实现与竞争对手的差异化竞争。

（4）提供个性化的解决方案

找到自己的差异化优势之后，就可以基于这些优势设计自己的产品服务和解决方案，为客户提供不同于其他竞品的个性化的解决方案，从而快速脱颖而出。

总之，竞争优势导向的定位策略是以产品为出发点的策略，要求创业者了解客户需求，准确识别市场中的潜在竞争对手，并找到自己独特的卖点。这种策略有助于在激烈的市场竞争中建立独特的品牌形象，吸引特定客户群体，从而实现业务的可持续发展。

● 第三种：客户定位——客户需求导向的定位

前文讲述了如何瞄准身边的潜在客户，找到商业机会。创业的逻辑很简单，就是把产品卖出去赚到钱，如果你身边已经有特定的客户，他们的一些需求还未被满足，那么只要你提供一款产品或服务去满足特定需求，就会很容易把产品卖出去赚到钱。客户定位，即基于客户的需求和偏好来确定自身的业务方向，这是一种以客户为中心的商业模式。这种模式的核心思想在于创业者要深入了解目标客户的需求，提供贴合他们期望的产品或服务。这种定位方法，适合身边已经有某一类特定的潜在客户人群，可以针对这类人群定位自己的业务方向。客户定位的方式可以遵循以下步骤。

（1）进行市场调研，了解目标客户群体的具体需求

客户需求导向的定位方法最重要的就是以客户为中心，因此要先对客户进行深入了解，如图 2-4 所示，通过调查、访谈等方式，了解目标客户群体的年龄、性别、地域位置等基本属性，职业背景、身份角色、收入水平等社会属性，购物偏好、消费偏好等行为属性和价值观、兴趣爱好等心理属性。这样创业者对特定的客户群体有了充分的了解，才能确保自己的产品或服务满足目标客户的真实需求。

图 2-6　客户画像

（2）定制服务或产品，以更好地满足客户的特定需求

了解客户需求后，创业者可以定制服务或产品，以更好地满足客户的特定需求。在这个环节，可以利用场景化的痛点来找准自己的产品或服务。

例如，你的目标客户是 30~45 岁一线城市工作的单身职业女性，年收入在 20 万 ~50 万元，注重自我成长和身心疗愈，她们的场景化痛点可能是下班后一个人在家会有孤独感和疲惫感，工作之外有大量属于自己的时间，想提升自己但不知道做些什么。你就可以针对这一女性群体来设计成长和疗愈相关的工作坊，帮助她们在下班后缓解工作压力和孤独感，或者创建一个独立女性业余读书学习的圈子。

你描述的客户场景越具体，那么定制的服务或产品就越容易打动客户。但场景化的痛点需要深入地了解客户，甚至自己也成为客户之一，因为很多时候我们可以帮助的都是"过去的自己"，当自己经历过一些痛苦或困难，就更能体会正在经历同样痛苦或困难的客户需要的是什么。

（3）找准客户渠道，持续精准引流获客

客户需求导向的定位方法强调围绕特定客户提供个性化的产品服务

和解决方案，因此目标客户画像可能比较小众，那么获客引流渠道的精准度就非常重要。推出产品或服务后，需要找到触达特定用户最有效的渠道来源，还要密切关注客户的反馈，了解他们在使用过程中遇到的问题和需求。通过对客户反馈进行分析，可以找到改进产品或服务的空间，进而提升客户满意度。对于小众的客户群体而言，转介绍往往是最有效的获客传播方式。

以上三种定位方法并不是割裂的，而是需要整合的。创业者在定位自己的业务时，需要考虑客户需求、市场竞争和自身的资源与能力，在不同的创业阶段可以采取不同的定位逻辑。

2.4.2　不同创业阶段的定位逻辑

一人公司创业者在不同的创业阶段面临着不同的挑战和机会，因此定位逻辑需要随着创业发展的变化而变化。从初创期到成长期，再到扩张期，每个阶段的目标、资源、市场环境和竞争状况都有所不同，这些因素都应该在定位策略中充分考虑。

（1）初创期的定位逻辑

对于普通人而言，一人公司初创期的定位逻辑可以先从个人定位出发，如图 2-7 所示，先进行深入的自我探索，了解自己的天赋热爱和擅长的技能，探索个人的愿景、使命和价值观，想实现的生活方式和对未来的憧憬向往，等等。只有深入了解自己，才能坚守初心，在创业的道路上坚持下去。否则大多数人会在遇到困难阻碍的时候自我怀疑、心力不足而产生内耗，最后很容易就放弃了。

个人定位 〉　产品定位 〉　用户定位 〉

自我探索　　　　经验萃取　　　　市场验证

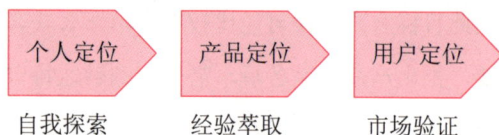

图 2-7　初创期定位逻辑

　　没有经历过创业的人，尤其是从企业中出来想实现知识技能创业的人，往往要经历很大的心态转变。在公司里作为高管，借由公司平台的威信和背书而获得了光鲜亮丽的职称和权力，因此自尊心很强，很多执行事宜不必事事亲为，导致养成一种"思考多于行动"的习惯。而开始一人公司创业之后，没有下属，所有的事情在前期都要靠自己，对于执行力而言这是很大的考验。脱离公司平台，一切要从零开始，如果对营销感到嗤之以鼻，不愿意屈尊去做销售，那么几乎很难创业成功。在这个过程中，还会因为身份的转变，过于在意他人对自己的评价而带来一些心理上的干扰和压力。因此，进行个人定位的探索，最重要的就是定下自己想创业的初心是什么，找到长期创业的内驱动力和使命感，这样才能在坎坷的创业路上坚定不移地走下去。

　　确定个人定位之后，可以根据自己的知识、经验、资源优势找到行业和产品方向，然后根据产品定位里的竞品调研快速向竞争对手学习，取长补短，最后萃取自己独特的知识经验，设计差异化产品。相比于从0到1地去创造一款产品出来，最快的方式就是先向有结果的人学习和模仿，所以对于初创者而言，先向竞品学习是设计初步产品最快的方法。

　　有了初步的产品构想之后，进入用户定位阶段，这时候可以从自己当下可触达的人群出发去找到第一批种子用户。每个人当下的私域里已经具备第一批种子用户了，不用舍近求远从公域引流新客户，因为成交是建立在信任的基础之上的，私域用户已经具备信任基础，更容易成交，可以更快进行最小可行性产品（MVP）的测试和验证，收集反馈之后进行产品和定位的迭代。

初创期要求创业者在有限的资源和不确定的市场环境中做出明智的决策。在这一阶段，定位逻辑的核心在于发现和验证一个可持续的商业模式，确保产品或服务满足市场需求。这意味着要创造一个MVP，以测试市场对该产品或服务的反应。MVP要集中于解决客户的核心需求，同时尽量简化，以减少初期的资源投入。通过MVP对目标客户群体进行测试，收集反馈，评估产品或服务是否满足客户需求，以及需要进行哪些改进。

在初创期，不要过于追求产品或服务的完美，而要快速迭代和灵活调整，根据市场反馈和客户需求的变化，建立快速反馈循环，持续检测产品性能和市场反应，利用客户反馈优化产品或服务，调整营销策略，以更好地定位市场。

（2）成长期的定位逻辑

成长期是一人公司发展的关键阶段，它标志着从初创向成熟的业务模式过渡。在这一阶段，创业者需要保持初心和持续坚持行动的信心，聚焦自己的核心优势，打造差异化的竞争力，因此依然需要从个人定位出发。

如图2-8所示，找到自己的核心优势之后，通过不同的用户反馈找到最佳反馈的用户群体，也就是精准的用户群体，从而找准目标用户的画像。例如，你是一名孕产瑜伽教练，提供线上的孕期和产后瑜伽私教训练课程。推出课程产品之后，发现吸引来的大多数是孕期的客户，因为她们非常在意孕期的身体健康，希望减少生育的痛苦，而产后的客户往往因为要照顾宝宝而无暇参与课程训练。这时你就可以根据孕期客户调整和设计专门的孕期瑜伽产品，满足大量孕期客户的需求，聚焦特定的孕期客户，打造自己的竞争力。

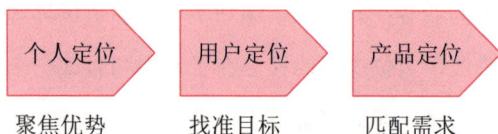

个人定位	用户定位	产品定位
聚焦优势	找准目标	匹配需求

图 2-8　成长期定位逻辑

在一人公司的成长期，关键的就是找准目标用户，根据目标用户的特定需求来聚焦和提升自己的产品优势。因为初创期对市场和用户的敏锐度较低，MVP 测试阶段可以尽量让用户范围更广泛，吸引不同的用户体验产品，再根据最佳反馈的用户找到最合适的用户定位，从而一步步细分市场，打造产品的差异化竞争力。

在用户定位阶段，想找准最合适的目标用户群体，需要在测试MVP、验证市场、收集用户数据之后进行四个群体的分析：一是 MVP吸引最多的用户群体；二是对产品反馈最好的用户群体；三是你最想服务的用户群体；四是付费能力最强的用户群体。这四个群体重合的部分就是精准的目标用户群体。当你找到这一目标用户群体，就可以根据这一群体的特性去做有深度的用户调研，再次迭代产品和服务，满足用户需求。

成长期的定位逻辑需要更加精细和深入，先聚焦一个核心的细分人群打造爆款产品，以确保业务的持续增长和竞争力。随着业务的发展，市场环境和客户需求会发生变化。创业者需要持续地进行市场调研，以深入了解目标市场的趋势、竞争对手的动态和客户需求的变化。首先要基于现有的客户群体不断收集反馈和新的需求，优化产品或服务，然后要从初创期接触到的客户群体寻找共性特征，筛选出一群更聚焦和细分的客户人群，让客户画像更清晰，最后根据核心的客户来打造爆款产品，提升品牌口碑和影响力。

一人公司的商业模式，意味着个人创业者的时间精力和资源都是有限的，成长期要警惕盲目扩张业务线和产品线，要比初创期更注重核心业务线和爆款产品的打造，先跑通一项产品业务的变现路径，然后实现标准化运营，这样一人公司创业者就可以寻找和筛选合作伙伴来替代自己运营，解放自己的时间和精力，进行下一步的扩张。

（3）扩张期的定位逻辑

进入扩张期的一人公司往往是已经跑通一条可持续盈利的产品业务线，并且已经实现标准化运营。此时，创业者需要在现有业务线上获取更多的流量和客户，并且探索新的市场机会，获得新的业务增长点，同时提高公司抵抗风险的能力。这要求对新市场进行深入分析，同时要结合现有的业务能力、整合现有的资源，打造新的产品或服务满足新市场的需求。

大公司和企业有足够的人力和财力来尝试不同的业务，但鉴于一人公司的属性，开辟完全不同定位的业务产品，或者同时开拓太多的业务产品线是不太现实的事情，原因有两个：一是一人公司的资源有限，二是一人公司的创始人往往就代表着这家公司的品牌形象，创始人的个人品牌和核心能力与资源就是客户对这家公司的认知。举个例子，如果之前的业务产品是做海外留学游学申请，那么一人公司的创始人一定会在打造个人品牌和宣传公司业务的时候聚焦与海外教育相关的知识分享和资源输出板块，在扩张期可以基于过去的资源，延伸高端海外教育培训、海外求职面试、海外旅游等业务，如果突然开始做保险基金、电商带货就会格格不入，也会让客户对这个人的专业度产生怀疑。

也许很多人觉得上述情况不太可能发生，实际上有很多好奇心特别强、热爱学习新鲜事物的一人公司创业者会犯这样的错误。他们对未知的事情有着强烈的探索欲，这本来是创业者的天赋特质，但是在业务稳定之后的扩张期，往往会一不小心就成为致命的短板。当他们厌倦了重复和熟悉的业务，在扩张期想开辟新业务的时候，就会很容易"跑偏"，不仅会导致新业务失败，还会影响现有业务的稳定发展。

如图 2-9 所示，在扩张过程中，最稳妥的方式就是用户定位不变，基于现有用户拓展新的市场机遇，这样不仅可以利用新的产品来延长客户的生命周期，增强客户黏性，同时可以保持品牌信息和价值主张的一致性。如上述示例中，如果公司之前的业务是做海外留学游学申请，那么用户定位就是想出国学习的中学生家长或大学生群体，这时候基于对海外教育感兴趣的学生父母来设计新的亲子海外游学产品，或者针对之前的留学生群体设计海外求职面试的产品，就能快速满足老客户的新需求，从而快速成交转化，让老客户可以通过新产品持续和公司保持黏性。老客户基于之前对公司的信任，也会易于购买新的产品或服务，这样就降低了一人公司持续获客的压力。

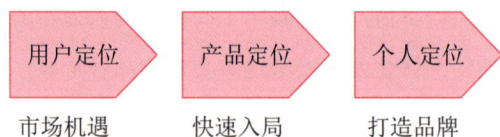

用户定位 → 产品定位 → 个人定位

市场机遇　　　快速入局　　　打造品牌

图 2-9　扩张期定位逻辑

通过新产品扩张业务的同时，一人公司的创业者可以迭代个人定位，在上述示例中，从海外留学游学业务扩张到海外旅游和求职面试业务之后，创始人的个人定位也从"帮助中国学子们走出国门、接受多元化的国际教育"转变成"帮助中国学子们从中国走向世界，收获更丰富的生活体验和职业机遇"。

一人公司创业的旅程，就是一个不断由内而外探索的过程，从个人的生命愿景出发，去与他人和世界产生碰撞，从而越来越清楚自己的人生使命，实现自我价值。

2.4.3　找准你的核心细分用户

经过上述的定位探索，我们会发现，对于一人公司而言，用户定位是核心。由于一人公司的资源有限，只要找准一个细分的用户定位，围绕这一类人群的需求做好产品或服务，那么一人公司就容易打造自己的差异化竞争力，从而实现可持续增长。

我经常和我的学员说："**如果人人都是你的客户，那么你就没有客户。**"很多创业者都想扩大自己的目标客户群体，认为人群更宽泛，产品就更容易销售出去。恰恰相反。在创业初期，定位越细分、越聚焦，越容易让客户觉得你能够帮助他们解决问题，产品越容易获得客户的认可，新的品牌也就容易打开市场。比如，我刚开始做个人品牌教练时，就是帮助人生教练这一特定人群打造个人品牌，而不是帮助所有人。当我在人生教练这个人群中把个人品牌培训体系做得越来越完善之后，自然而然地吸引来了其他行业的客户，也就自然地扩大了客户范围。

很多人很苦恼，不知道如何找准细分的用户定位。以下是几种常见的、针对性强、易于执行的用户定位方法。

（1）职业特定定位。聚焦特定的职业群体，根据其特有需求提供专业化服务或产品。例如，为自由职业者提供灵活的工作空间解决方案，或为医疗专业人士设计专用的管理软件。

（2）年龄段定位。针对特定年龄段的消费者进行市场定位，如青少年、大学生、中年职场人士或退休老年人，根据他们的生活方式和需求提供定制化的产品或服务。

（3）生活方式定位。基于消费者的生活方式和价值观进行市场细分和定位。这种方法适用于那些对特定生活方式有共同偏好的人群，如环保主义者、户外运动爱好者或科技爱好者。

（4）地理位置定位。基于消费者的地理位置进行市场细分和定位。这种方法考虑到不同地区的消费者可能有不同的需求和偏好。例如，最近几年很火的社区经济，都是按照地理位置来确定目标客户。

（5）收入水平定位。根据目标消费者的收入水平进行市场细分，以提供相匹配的产品或服务。不同收入水平的消费者在购买力和消费偏好上存在显著差异，可以设计不同价格的产品线，以满足不同收入层次消费者的需求。

（6）性别定位。考虑到男性和女性在购买决策、兴趣和需求上的差异，通过性别进行市场细分和定位。例如，设计符合男性或女性特定需求和审美的产品，如针对女性设计的健身器材或针对男性设计的护肤品。

（7）兴趣爱好定位。基于消费者的兴趣和爱好进行细分，提供与其兴趣相关的产品或服务。这种定位方法可以帮助商家建立与消费者的情感连接，如为摄影爱好者提供专业的摄影课程，为运动爱好者提供定制的运动装备。

以上七种细分定位进行交叉组合就可以描绘出精准的用户画像，比如，"程序员，35岁，喜欢待在家里，居住在一线城市，年收入50

万元以上，男性，喜欢打游戏"。通过以上七种用户定位组合，就可以针对这类人群进行调研，从而找到精准的用户需求，设计出容易售卖的产品。清晰的用户画像也有利于设计有效的引流渠道和销售链路。

2.5　工具篇：个人商业定位的自我教练梳理

想要通过一人公司实现自我价值，个人创业者需要把商业模式和个人的使命愿景相结合，进行深度的自我剖析和自我觉察是必不可少的一步。只有充分了解自己，清楚自己创业的目标和使命，才能在创业这条路上不受外界的干扰，永葆自己的初心，享受创业的过程。因此，下面的个人定位的自我教练梳理，将帮助你探索基于你这个"人"的个人定位，你可以从自己的个人定位出发，结合客户画像和市场需求确定自己的商业定位。

练习说明：请认真回答下面的问题，这些问题用于激发你的思维并且帮助你寻找最适合自己的个人品牌及人生定位。

- 回答这些问题需要一点时间，因此你可以一次回答几个问题，如果中途感到疲倦，请稍作休息再回答。

- 尽可能在头脑清醒、心情愉悦的时候清晰、完整地回答每个问题，找到你最佳的表达和最诚实的回答。如果需要，你可以在回答问题的时候播放一些欢快的音乐，营造轻松愉快的气氛。

- 有时候你用几个单词或句子来回答就足够了，但通常我们会在细节中找到"宝藏"。当你认为你已经写下所有内容的时候，一个很棒的新主意有可能应运而生。因此请尽可能写出你脑中产生的一切答案。

- 最后，如果你发现你在不同问题的回答上非常类似，那么很棒，请继续努力！这就是我们要寻找的不可忽略的常见和重复的主题——这些或许就是你人生的使命和意义。

此练习看重的是一个"流程"。因此，请尽可能诚实地回答问题。这项练习要求你摆脱评判的心态，例如，"哦，但是现在我肯定做不到啦，我年纪太大了，这简直是白日做梦"，或者"哎呀这是不实际的"……你需要真实且随意地写下你有过的所有疯狂的想法，此练习将帮助你从答案中找出一些可行的事情。

准备好了吗？那就开始吧！

1. 小时候你想成为谁

（1）在你小的时候，你想成为什么样的人或从事什么职业？尽可能全面地考虑并写下尽可能多的细节，不论那些细节有多么无聊、愚蠢或令人觉得荒谬。

以"我记得……"开头。

（2）是什么吸引了你想从事这些职业？

（3）用你现在的知识与智慧来回顾，哪些职业或其中的哪部分仍然吸引你？哪一些并不吸引你？

①吸引你的（优点）：＿＿＿＿＿＿＿＿＿＿

②不吸引你的（缺点）：＿＿＿＿＿＿＿＿＿＿

2. 工作回顾

（1）你现在或者之前从事的工作中有包含上述职业中的哪些优点和缺点吗？

①现在的工作中：_____

②过去的工作中：_____

（2）你在目前的工作中感觉如何？什么地方享受？什么地方觉得有挑战？

（3）如果你中了彩票，成为千万富翁，可以选择做任何事情，请完成以下两题。

①你会想要成为什么人，并把你的时间用来做什么？

②你在上述回答中想成为的人有什么特点或特质？为什么这些特点或特质会很吸引你？请尽可能详细地阐述你的答案。

3. 兴趣爱好

（1）你过去有什么兴趣或者爱好？（从你小时候开始考虑）

以"我记得……"开头。

（2）你现在有什么兴趣爱好？

（3）如果你有更多时间、金钱或者自由，你会想做哪些感兴趣的事？

①如果我有更多时间，我会_____

②如果我有更多金钱，我会_____

③如果我有更多自由，我会_____

（4）这些兴趣爱好中的哪一点特别吸引你？

4. 人与特质

（1）过去或者现在你特别享受和谁一起工作？请写下他们的名字。

（2）这些人身上有什么特质是你特别欣赏的？

（3）你可以在哪里找到更多有这种特质的人呢？

（4）你身上有什么特质是你特别喜欢的呢？（比如，做事认真负责，比一般人有创意，擅长分析总结，等等）

（5）什么人会让你觉得备受鼓舞或者是你的榜样？

（6）这个人身上的什么特质会鼓舞到你？

（7）上述回答可以反映出你希望自己拥有（或者已经拥有）怎样的价值观与特质？

5. 汇总与反思

回顾一下前面所有的回答，然后花一些时间回答最后几个问题。

（1）你的梦想是什么？（曾经的、现在的都可以）

（2）你希望你的余生与哪些主题相关？

（3）在你的内心深处，你对自己的职场生涯最大的诉求是什么？

（4）你希望未来 10 年、15 年、20 年你的人生在做什么？

最后，在下面的方块中填入你在上述答案中出现的常见主题词（出现频率最高的主题词放在最上面）。

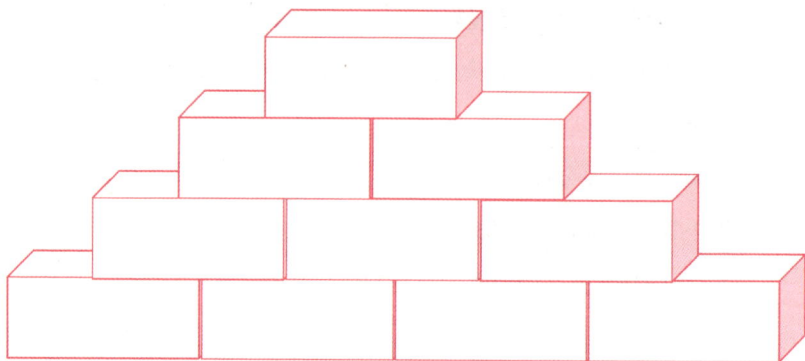

（5）这些主题当中，哪些对别人的帮助更大？为什么？

（6）这些主题当中，哪些市场潜力最大？为什么？

（7）现在你如何看待这个最有潜力的主题呢？

（8）这些主题对你的人生使命和个人商业定位有什么启发呢？

第三章

成长期：萃取你的知识、技能、经验

在一人公司的发展早期，个人的知识和技能是最宝贵的资产，并且知识和技能是最容易产品化的资源。一门课程可以低成本地制作，无限次销售，几乎没有边际成本，并不像技能产品或者实体产品需要投入很多的时间或金钱成本。而且通过知识课程吸引到的用户，会和创业者建立较为稳定的信任关系，所有的成交都是建立在信任的基础上的，所以知识创业者再去带货销售其他产品就会很容易。

此外，无论是售卖技能产品还是实体产品，都可以结合知识产品来变现。比如，你是为客户提供品牌视觉设计服务的，售卖的是你的设计技能和时间。与此同时，你也可以提炼自己做品牌视觉设计的经验，制作成课程，售卖给其他设计师。再如，你很喜欢制作手工艺品，除了售卖自己的实物作品，你也可以教别人如何制作手工艺品。

几乎各行各业都可以结合知识产品变现，而且知识变现是成本最低、利润最高的，所以知识付费行业永远不会消失，只会随着市场变化以不同的形态出现。因此，本章聚焦一人公司创业的成长期，探讨找到个人定位之后，如何系统化地萃取和组织个人的知识与技能，并将其转化为可以对外提供的服务或产品。通过实际案例和步骤指南，本章旨在帮助读者有效地整合自己的资源，掌握可以快速萃取自己知识与技能、设计知识产品的方法。

3.1 萃取你的独到经验

在个人成长过程中，每个人都会积累大量的经验和知识。如何有效地从这些经验中提炼出系统化的知识，并将其转化为教育内容或服务产品实现变现，是许多人面临的挑战。很多优秀的人在知识技能变现上有一个共同的卡点，就是不知道如何萃取自己的知识体系。

俗话说："茶壶里煮饺子——肚里有货倒不出。"这个比喻生动地描绘了许多拥有丰富知识和技能的个人创业者面临的困境：尽管他们拥有大量的专业知识，却难以将这些知识转化为可以向外界呈现和变现的产品。面对这一挑战，这里提供了三种萃取知识技能的方法，帮助大家有效地"萃取"并利用自己的知识体系。

3.1.1 方法一：目标导向法

目标导向法是指从你想解决某个具体问题出发，去回顾自己是如何解决这个问题的，从而提炼萃取出一套独特的方法论。

● 第一步：提出一个具体问题

成功的知识提炼始于对一个具体问题的识别。这个问题应该是你在实践中遇到并成功解决的，同时也是你的目标受众普遍面临的挑战。选择一个问题时，确保它具有普遍性和重要性，并且是你实践解决过且很擅长解决的问题，这样提炼出的知识才具有较广泛的应用价值。

例如，如果你是一位小红书女性成长博主，通过分享女性成长的内容获得了持续涨粉和广告收入，你可能发现许多人想像你一样做小红书博主赚钱，但不知道如何开始，那么你就可以提出一个具体的问题："如何成为一名可以接广告赚钱的小红书成长博主？"

● 第二步：回顾解决过程

深入回顾你是如何解决这个问题的。这一步骤重点在于挖掘你在解决问题过程中应用的关键知识点和技巧。反思这一过程，厘清你采取的具体措施、使用的工具和方法，以及这些做法背后的原理。

例如，要解决"如何成为一名可以接广告赚钱的小红书成长博主"这个问题，回顾你的经验，可以把它拆解成两部分：第一部分是打造一个小红书成长博主的账号，每周定期输出优质内容涨粉；第二部分是开通蒲公英账号，筛选可以合作的品牌进行议价。然后仔细回顾你在每一个部分里实践的技巧、使用过的工具，一步步回顾和拆解你是如何做到的，把解决问题的关键知识点罗列出来。

● 第三步：系统化整合知识

将你的经验和解决方案系统化，构建成可分享的知识结构——可以是一系列的课程、工作坊、电子书或任何形式的内容，目的是将你的实践经验转化为他人可以学习和应用的知识。

例如，将你前面罗列出来的"打造成长博主账号"和"筛选合作品牌议价"的经验和技巧整理成一份电子手册，为每个关键点提供实际案例和操作指南，使学习者能够理解并应用这些策略。这份手册就可以成为你的知识产品。

通过目标导向法，你不仅能够有效地从个人经验中提炼出有价值的知识，还能将这些知识系统化，为他人的成长和解决问题提供帮助。这一过程不仅增强了个人品牌的价值，也为个人创业者开辟了新的收入渠道，实现了知识的最大化利用。

3.1.2　方法二：逻辑导向法

逻辑导向法强调使用理性分析和结构化思维来整理和提炼知识，是一种更加系统和理论化的方法。对于许多人来说，知识和经验往往是零散的、基于直觉的，很难结构化、系统化。逻辑导向法通过引入严谨的逻辑结构和理论框架，帮助你将这些零散的知识点整合成有组织的体系，进而更有效地传授和应用这些知识。

● 第一步：定义知识领域

根据你的个人定位，明确你想要系统化的知识领域。这一步是构建知识体系的基础，需要你对自己的专业领域和个人商业定位有深入的理解。界定知识领域时，尽量具体，不要太宽泛。

例如，我最初的个人商业定位是帮助人生教练这一特定人群打造个人品牌。因此，我的知识领域是教练商业化。

● 第二步：构建逻辑框架

明确了知识领域之后，下一步是构建逻辑框架，包括识别和组织知识点、原理和概念，以及它们之间的关系。构建逻辑框架可以从原理出发，厘清知识之间的因果关系和逻辑联系，可以利用 Why（为什么）、What（做什么）、How（如何做）三个步骤来构建自己的知识逻辑框架。

Why（为什么）是先提出你定义的知识领域的重要性，重点解释三个问题：为什么要做这件事、为什么要跟你学习如何做这件事、为什么要现在做这件事。What（做什么）是解释特定的原理或理论基础概念，讲清楚具体要做什么。How（如何做）是详细拆解每一步如何做。

比如，我的知识领域是教练商业化，首先，在 Why（为什么）部分我需要分析教练商业化为什么重要。第一，很多教练不懂个人品牌和商业，因此学习了教练技术即便拿到证书也毫无用武之地。第二，我在刚学教练技术的时候就有付费客户，并且能够在一年内吸引 100 多位客户找我做付费教练，因此我可以帮助不懂商业化的教练营销获客。第三，教练是一项需要实际操作提升的技能，如果一直没有客户找你，那么你的技能就会弱化，因此必须尽快打造个人品牌。其次，在 What（做什么）部分我需要定义何为个人品牌，解释营销相关的概念。最后，在 How（如何做）部分我可以把教练商业化的步骤拆解成：如何找到自己的细分教练定位、如何设计一个完整的教练服务流程、如何定价收费以及设计转介绍的销售策略，再在每一步里面分享我的个人经验和使用的工具，如此一个完整的关于"教练商业化"的知识逻辑框架就形成了。

● **第三步：总结和归纳**

有了逻辑框架后，下一步是设计可视化的工具，将知识转化为易于理解和学习的形式。这可能包括编写教程、创建图表和流程图、制作表格示范等，目的是让这些知识更加通俗易懂，便于传播和应用。有了这些可视化的工具，就可以制作一套自己的课程产品了。

通过逻辑导向法，你不仅可以将个人的专业知识系统化，还可以提高这些知识的教学和应用效率。这种方法特别适合于那些希望深入挖掘和分享其专业领域知识的一人公司创业者，帮助他们构建结构化的知识体系。

3.1.3　方法三：内容导向法

如果你觉得自己暂时还没有系统输出解决问题的方法和提炼经验知识的能力，那么可以尝试用内容导向法来萃取知识与技能，通过找到你的个人定位，在特定领域持续创作内容，一边学习一边输出，提升自己的结构化思维和提炼总结的能力。

● 第一步：选择内容主题

选择与你的专业领域和个人定位相关的内容主题。这些主题不仅要反映你的专长和兴趣，也要符合你目标受众的需求和兴趣，并且在这个领域你愿意持续去学习和输出。确定主题后，你可以围绕这个主题规划一系列的内容学习计划。

例如，如果你通过第二章的探索，觉得适合自己的一人公司创业方向是成为一名独立的健康营养顾问。但是目前你只是一名健身教练，对于营养学有兴趣却没有深入研究。那么就可以从健康营养顾问的定位出发，规划你想要成为这个角色必须学习的内容，如营养科学、膳食规划、食品安全、健身保健等。

● 第二步：进行深入研究

对已经选定的内容进行深入研究，不仅要求你回顾和总结已有的知识，还要求你探索新的信息和观点。通过研究，你可以确保这些内容既反映了你的专业知识，又能提供最新、最准确的信息给你的目标受众。

继续上述例子，作为一位健康营养顾问，你可以研究最新的营养学研究报告，了解当前的饮食趋势，关注最近的食品安全问题和流行的健身运动方法，并将这些信息融入你的内容创作中。

● 第三步：创作与反馈

开始基于你的研究进行内容创作。无论是写博客文章、制作视频教程还是开办工作坊，都是检验和提炼你的知识体系的好机会。可以通过不同的自媒体平台去发布你的内容。内容创作完成后，积极收集受众反馈，这些反馈可以帮助你识别知识的盲点和不足，促进你的持续学习和成长。

比如，作为健康营养顾问，你可以制作一系列关于健康饮食的视频教程，并通过社交媒体与观众互动，收集他们的问题和反馈。利用这些反馈来调整你的知识体系，同时规划未来的内容更新。在持续一定时间的内容研究和创作之后，你会逐渐形成自己的知识体系，并且积累自己的目标受众，可以先从收费咨询开始去实现知识变现。

内容导向法的核心优势在于将知识的提炼和系统化与实际的创作实践紧密结合起来，不仅促进了个人知识体系的完善，还增强了与受众的互动，提高了个人影响力。通过持续的内容创作和反馈循环，你可以不断深化自己的专业知识，同时建立个人品牌。

3.2　四步设计一门公开课

在这个日新月异的时代，在任何行业沉淀积累和学习到的最先进的知识经验都可以变成课程分享给别人，不仅能够将这些宝贵的经验知识转化为可触及的价值，也能够展示专业知识，树立行业权威，扩大个人品牌的影响力，以及创造额外的收入。因此，萃取了自己的知识体系之后，可以尝试做一门公开课，进行内容输出。公开课有很多用处，一门公开课不仅可以录制好之后反复售卖、传播，还可以作为潜在客户快速了解你的方式，也可以在公开课中插入服务产品介绍，实现后续产品的销售转化。

3.2.1　定目标：确立核心价值

在设计一门公开课的过程中，首要任务是明确课程的目标。这是课程设计的基石，不仅指引着课程内容的开发方向，也确保了教学活动围绕目标进行，最终实现预期的成果。定目标阶段要求创业者深入思考并回答几个关键问题：这门课程旨在传授什么核心知识？期望学员完成课程后达到何种程度的理解和应用？这门课程如何与个人品牌和专业定位相匹配？这门公开课如何为后续升单转化其他产品做引流？

（1）明确教学目标

通常来讲，公开课有两个目标，一是增强潜在客户的信任度，二是激发潜在客户对公司后续产品的兴趣，实现销售转化。因此，基于第一个目标，公开课里一定要介绍创始人的个人故事、公司的发展历史和过往的成绩，并且提炼核心的专业知识分享给学员，让学员能够通过创始人的故事、价值观来产生共情和好奇，通过专业知识的学习对后续产品产生信任。基于第二个目标，公开课里需要植入公司爆款产品或者后续产品的介绍，埋下学员听完公开课可以来咨询和购买后续产品的"钩子"。例如，可以设计听完公开课，写一段收获复盘，可以有一次一对一咨询的机会，通过咨询来判断该客户是不是精准的目标客户，如果是，就可以在咨询过程中进行后续产品的介绍和销售转化。

（2）展示学习成果

一门录制好的公开课可以持续售卖，如果是直播课，也可以定期开展。因此，获得学员的可视化学习成果和口碑案例，是持续宣传公开课的关键。例如，可以请学员完成学习收获复盘，用文字的形式发到社群里，或者请学员以图片的形式分享他们的学习笔记到朋友圈或自媒体，邀请更多人来听公开课。

（3）与个人品牌相匹配

公开课的内容一定要与你的个人品牌和专业定位相匹配。成功的公开课不仅能够提升你作为知识提供者的专业形象，还应该强化你在特定领域的权威地位。因此，课程的目标应当反映你的专业强项和市场定位，同时满足目标受众的实际需求。例如，你的定位是家庭教育，就要围绕家庭教育去制作公开课，而不要仅仅因为兴趣去做不相关领域的课程。对于一人公司创业者而言，时间、精力和注意力是最宝贵的资产，尤其在成长期，一定要先聚焦一个定位去设计自己的产品，这样才能更快速地提升个人影响力。

3.2.2　理干货：构建内容骨架

确定了公开课的核心目标之后，就进入"理干货"阶段。这一阶段要求创业者深入挖掘和整理专业知识，将其转化为结构化、实用的教学内容，最好能够颠覆学员过往的认知，让他们觉得自己学到了新的知识。"干货"内容是公开课吸引学员的核心，它直接关系到课程的价值和收获。因此，构建内容的骨架不仅需要涵盖关键的知识点，还应该按照逻辑顺序组织，确保学习的连贯性和有效性。

（1）列出共性的痛点

想要在公开课的开端就抓住用户的注意力，可以在讲"干货"之前列出目标用户共性的痛点。比如，你是一位针对新手父母的育儿指导师，可以在你的课程里列出以下痛点。

①初为人父或人母，对于育儿知识一无所知，不知道从何学起？

②宝宝总是哭闹，不了解原因，感到无计可施？

③面对琳琅满目的营养品，不知道在什么阶段给孩子补充哪些营养？

诸如此类共性问题可以让目标用户——新手父母们快速把自己代入痛点场景中，从而引发他们的好奇心，想要继续学习课程，寻找答案。

（2）颠覆客户认知

通过共性的痛点引发客户的好奇心之后，先不要着急给出答案，而是让客户有颠覆性的认知，这样才能加深他们对于课程的印象，以及增强他们的信任感。因为现在是一个信息爆炸的时代，如果你只分享一些常见的"干货"，客户听完会觉得课程一般，没有什么新鲜的内容。所以要借助一些技巧来颠覆客户过往的认知，让他们感觉到你的知识体系和课程内容与别人不一样，让他们感受到有新颖的内容，这样你才能从激烈的竞争中脱颖而出。

我们可以通过"先列出常见误区，然后给出新观点"的方式来颠覆客户的认知。仍以新手父母的育儿指导师为例，可以先列出"99%新手父母常犯的三个错误"来引发新手父母的好奇心，然后拆解每一个错误背后的原因和造成的影响，让客户意识到可能自己原来的一些认知和行为是错的，激发他们更愿意向你学习的驱动力。

（3）针对误区给出正确方法

经过以上步骤后，最后给出正确的解决方案，去讲"干货"内容。用误区对比正确解决方案的方式，可以增强课程内容的趣味性和互动性，让学员带着好奇心听完课程，并且收获新的认知。

如果你开设的是直播课，为了提高学习的参与度和效果，在讲述误区或正确方法的时候，你可以和现场学员互动，询问他们是否犯过同样的错误，或者直接给出一些案例，让学员来判断是对还是错，激发大家的思考和互动，让他们获得更好的学习体验。

通过上述步骤，就可以设计一门让学员带着好奇心听完并且有收获、结构逻辑清晰的公开课，不仅确保了教学质量和内容深度，也大大增强了课程的吸引力和教学效果。

3.2.3　讲故事：强化课程记忆

在公开课的设计中，"讲故事"可以用于增强课程的吸引力、提高信息的传递效率，并促进学员投入情感。人类天生喜欢故事，因此以故事讲述法来包装和传递知识，可以使复杂或抽象的概念变得生动和易于理解，同时帮助学员更好地记忆课程内容。

（1）讲述自己的故事

最能够拉近你和客户距离的方式就是讲述你自己的故事，通过讲述自己走过的弯路、踩过的坑，可以让客户理解并共情你的创业初心和愿景，同时也可以让客户通过你的经验故事来相信产品的有效性。

有效的故事往往遵循一定的叙事结构，如强调背景、引入冲突、展开行动、达到高潮、呈现结局等。在讲故事时，可以有意识地构建这样的叙事结构，以增强故事的吸引力和教学效果。

（2）讲述客户的故事

除了讲述自己的故事之外，还可以分享你和客户的故事，以及过往客户在购买产品或服务之后的成长收获故事。故事的力量在于能够引发听众的情感共鸣。在选择和讲述故事时，考虑那些能够触动学员共情、激发情感反应的元素，可以让产品变得更有"人情味"，这有助于加深学员与课程内容的情感连接，激发客户的感性认知，从而刺激销售转化。

通过巧妙地讲故事，可以将公开课变成既有"干货"又具有娱乐性的一项体验，极大地提升课程的吸引力，还可以给学员留下深刻的印象。

3.2.4　秀案例：增强销售转化

公开课通常作为一人公司的引流产品，需要吸引和筛选潜在客户，进行后续产品的销售转化。因此在公开课的最后一定要"秀案例"，埋下"钩子"，激发客户的购买欲。

（1）呈现成功案例

在前面的"干货"分享和故事讲述中，可以自然地插入过往客户案例，以验证你所讲述的颠覆认知的正确解决方案是有效的，增强学员的信任感。讲述经验每一个误区时都可以挑选一个过往的客户案例，展示他们之前是如何进入误区的，在学习了你的课程之后又是如何走出误区的。想要增强案例的生动性和真实性，可以在讲客户故事的时候自然呈现出来，比如展示客户的文字收获复盘，或者前后对比图等，也可以直接邀请过往的客户来做现场分享。

（2）刺激咨询转化

呈现案例之后，还要让潜在客户把自己和案例联系在一起，从而提升客户咨询和购买产品（或服务）的欲望。例如，呈现一个案例之后，可以邀请有同样困惑和问题的学员填写咨询申请，在课后为他们提供一对一的公益咨询，一方面可以帮助他们解决类似的问题，另一方面可以通过咨询筛选精准的客户，实现后续产品或长期服务的销售转化。

总而言之，公开课的目的是提升一人公司的品牌影响力，让更多人通过公开课了解你和你的产品，吸引潜在客户进行后续产品的销售转化。如图 3-1 所示，在设计公开课的过程中，从"定目标"到"理干货"，再到"讲故事"，最后"秀案例"，每一个步骤都不可或缺，掌握这一课程设计框架，可以在一人公司创业初期，利用公开课传递个人品牌和产品的理念与价值，吸引第一批种子用户，并且和客户建立信任关系，收集客户需求和反馈，然后激发更多的灵感和思考来设计后续的产品。

图 3-1　四步设计你的公开课

公开课可以是直播课，也可以是录播课。但在创业初期，建议大家多花一些时间和精力来打磨自己的公开课，采用直播课的形式，因为直播课可以互动，参与感强，学员投入度高，效果更好，可以快速建立关系。而录播课更适合定位和产品比较成熟之后，用于系统介绍自己的产品和服务，作为一款不限时间、批量交付的引流产品。

3.3　设计你的爆款训练营产品

公开课只能作为一款引流产品，因为课程时长不会太长，定价也比较便宜。因此，想要系统地输出专业知识，并且通过知识课程帮助学员行动起来，就一定要学会设计训练营的产品。知识本身不值钱，能够帮助他人行动起来产生结果，才有价值。

3.3.1 训练营产品的八大要素

设计一款成功的训练营产品不仅是将知识转化成课程，更是一个综合性的策划过程，涉及许多关键要素。以下是设计爆款训练营产品的八大要素，一款优秀的训练营产品，必须包含以下 8 项内容，如图 3-2 所示。

录播课	直播课	实操作业	工具方法
指导点评	可视化结果	成果展示	课程表

图 3-2　训练营的 8 大要素

（1）录播课

录播课可以让学员根据自己的时间自主安排学习进度，具有灵活性。同时，也解放了创业者的时间，不用把重复的内容反复讲给每一位学员听。录播课要提炼大多数学员遇到的普遍问题背后的逻辑和认知，通常涵盖核心理论知识和技能介绍，为训练营的行动实操提供理论基础。高质量的录播课可以反复观看，帮助学员加深理解和记忆。

（2）直播课

为了增强训练营的参与感，必须设计直播课，无论是直播讲课还是直播答疑都可以。因为人都是有惰性的，如果训练营里没有必须在特定时间参与的直播课，那么很可能一些学员就会拖延，导致无法在训练营规定的时间内完成学习。直播课可以穿插在训练营期间。例如，21 天的训练营，可以有三次直播答疑课，每周一次，起到督促学员学习和行动的作用。同时，直播课提供了实时互动的学习体验，使学员可以即时提问并获得反馈，收获感更强。创业者也可以通过直播互动来收集学员的问题和需求，迭代更新后续的课程内容。

（3）实操作业

想要让学员真正有所收获，就一定要带着学员行动起来，设计实操作业。通过安排实操作业，学员可以将理论知识应用于实际情境中，通过实践探索去解决问题。例如，如果你设计的是小红书训练营，可以带着学员在21天内发布7篇小红书笔记；如果你设计的是文案书写训练营，可以带着学员在一个月内完成几次文案书写的作业。实操行动是一种最好的学习方式，学员只要行动起来就一定会有收获，训练营也会容易获得好的口碑。

（4）工具方法

想要降低学员操作的难度，可以给出一些工具和具体的方法，让学员先模仿再创新，快速行动起来。比如，在我的潜力优势教练课程里，我会直接给出GROW模型的对话示范，让学员按照对话示范给出的框架，完成一场完整的教练对话练习，先完成再完美。很多人会因为追求完美，而一直卡在开始，迟迟不行动。当你可以通过工具方法降低学员实操行动的难度，他们就会更容易快速行动起来有所收获和成长。

（5）指导点评

当学员行动之后，要及时给予反馈，不仅要指导他们哪里可以提升，还要帮助他们及时纠正错误，更重要的是要及时给予鼓励和支持。正反馈往往是建立正向行动的源头，不断给予学员正反馈，可以激发他们保持行动力。

（6）可视化结果

可视化的结果往往是衡量训练营产出的关键。无论是学员写的文字复盘，还是通过实操作业完成的图表，抑或是发布的自媒体内容，还有课程上互动的照片合影等，这些都是可视化的结果。这些可视化的结果最好是引导学员所产出的，这样他们会有很强的获得感。

（7）成果展示

训练营要有仪式感，所以开营和结营仪式是关键。开营仪式上可以鼓励学员确立学习目标，结营仪式上鼓励学员展示学习成果，这不仅能够增强学员的成就感，也可以促进学员之间的交流和学习。这些成果也可以作为训练营后续招募和宣传的素材。

（8）课程表

训练营的设计一定是有节奏的，为学员准备详细的课程表，可以帮助学员有效规划学习时间，确保他们跟上课程进度，充分利用所有资源。课程表上要包括每个模块的学习内容、时间安排、直播课程和录播主题等。

通过综合运用这八大要素，就可以打造一门爆款训练营课程，并且收获源源不断的口碑和成果案例，学员也会通过这种学习方式将理论和实操结合起来，产生有效的改变。

3.3.2　训练营产品的交付流程

开设训练营的目的是在短时间内通过集中式的训练，让学员掌握一定的工具、方法和能力，它比公开课的设计要复杂很多。

如图 3-3 所示，要设计和交付一门训练营课程，通常需要精心设计一系列的步骤，从开营仪式到结营仪式，每一环节都旨在最大化学员的学习效果和参与度。我们的目标是创造这样一个环境：既充满挑战，可以让学员不断突破自己，又能获得足够的支持和鼓励，彼此赋能，让每位学员都能在这个过程中有所成长和进步。训练营的交付设计并不是固定不变的，这里只是为大家提供一个示范。

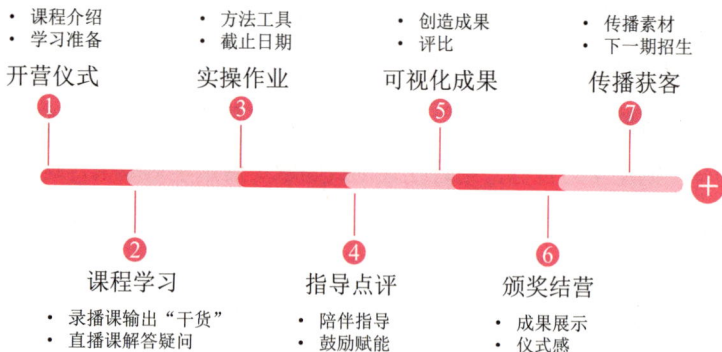

图 3-3　训练营产品交付流程

训练营的核心要素是"训练"，因此学员的参与度决定了训练营的产出效果。为了最大化激发学员的学习兴趣和热情，通常我们会设计开营和结营仪式。开营仪式上，我们通过课程介绍和学习准备环节确立学习目标，同时通过课程表的发放，为学员提供明确的学习路径。这不仅帮助学员做好了准备，也为整个学习设定了基调。

课程学习阶段，结合录播课的灵活性和直播课的互动性，我们为学员提供了一个多元化的学习平台。录播课可以让学员按照自己的节奏掌握核心知识，直播课则为学员提供了实时互动和答疑的机会，增强了学习的动态性。

实操作业环节是整个训练营中极为关键的一部分，通过提供实用的方法和工具，我们鼓励学员将所学知识应用于实际情境中，从而深化理解和提高技能。同时，设定明确的时间节点和截止日期，保证了学习的进度和效率。

在学习过程中，需要重视指导点评的作用。通过专业教练或导师的陪伴和鼓励，学员获得及时的反馈和指导，这不仅能帮助他们及时调整学习策略，还极大地提升了他们的学习动力和信心。

为了让学习成果更加直观，还需要进行可视化成果的展示，通过评比的形式激发学员之间的竞争和合作。而在课程的最后，结营仪式不仅为学员的努力和成果画上了圆满的句号，也为他们带来了仪式感和成就感。

最后，我们可以利用学员的成果进行传播获客，实现训练营成功交付的同时，也为下一期的训练营吸引更多潜在的学员。这种以实操互动为中心的设计和交付流程，不仅可以提升训练营的教学结果，真正帮助到他人，也可以实现我们和学员的深度链接，打造我们的个人品牌，可以获得学员的推荐和转介绍，积累更多成功案例。

3.3.3　训练营产品的口碑裂变

设计和推广训练营产品时，口碑裂变非常重要。老学员的口碑推荐会大大提升潜在客户的转化率，因为当人们看到其他人（尤其是自己认可的人）做出某种选择或行为时，很可能跟随。同时，维护老客户的成本比获取新客户要低得多，有意识地积累老客户，并且设计老客户转介绍的流程，可以降低获客成本。想获得口碑裂变，必须在训练营中设计以下五个部分。

（1）构建社群与增强互动

创建一个积极的学习社群，让学员可以在群里讨论所学习的内容，互相点评作业，不仅为学员提供了交流的平台，还能增强学员黏性。鼓励学员在社群里分享学习收获和感受，这些有价值的分享就可以作为训练营课程的口碑案例。

（2）提升学习体验感

口碑的产生始于产品质量，一门设计精良、内容丰富、教学有效的训练营课程自然会吸引很多学员。因此，确保训练营从内容到交付都是高质量的，这是口碑裂变的基础。从学员开始注册到课程结束，每一个接触点都应被精心设计，以确保提供优质的学员体验。这包括简化注册流程、提供清晰的课程指南、及时答疑和给予反馈，以及在课程结束后提供认证和奖励。例如，在我的 21 天个人品牌训练营里，我会在课程结束的时候给全程参与学习且完成作业的学员颁发优秀学员证书，同时也会想一些好玩的证书名称，颁发给参与的学员。例如，给经常在社群里鼓励、赞美其他人的学员颁发"赋能小王子"的证书，给最快卖出产品的学员颁发"最受嫉妒奖"。

（3）积累成功案例

开设训练营的目的是让学员发生改变或者实现具体的目标，比如减肥训练营是为了带学员减重，短视频训练营是为了带学员制作出自己的短视频。因此，学员成果是检验训练营效果的关键指标。人都是有惰性的，如果学员报名了训练营却不参与训练，那么课程设计得再好，学员也不会发生改变。就算是名牌高校，也不能保证所有学生一毕业就能找到工作。学员发生改变，很大程度上取决于他们的行动力，因此在训练营开展的过程中，要有意识地观察最有可能产生结果的优秀学员，记录他们的成长过程，给予他们更多的支持，从而创造和积累成功案例。成功案例会给潜在客户更大的信心，也是后续开展训练营的必备营销素材。

（4）奖励推荐与分享

设立推荐奖励机制，鼓励学员将课程推荐给朋友和同事。这种基于奖励的推荐系统不仅可以快速扩大训练营的影响范围，还能够增强学员的忠诚度和参与感。如果训练营的效果非常好，被推荐来学习的人也会感谢推荐人，从而产生积极的分享效果。

（5）营销内容再传播

将训练营的优质内容片段、学员评价、成功案例等应用于营销材料和社交媒体内容中，促进新一轮的学员招募。

在普通人使用知识技能变现的创业路上，公开课往往是最容易尝试和提升个人影响力的轻量级产品。训练营是开始变现和积累口碑的关键。根据学员需求用心地设计训练营的交付流程和内容，确保我们的课程可以真正帮助他人产生改变。知识本身是不值钱的，若是只贩卖信息差，那么产品就不值钱，只有真正帮助了他人，让别人发生了改变和突破，才是一款好的知识产品。

3.4　打造微信生态的私域营销链路

一人公司创业，时间、精力和资源的分配是一项巨大的挑战。在成长期，一人公司创业者就是"六边形战士"，所有的事情都要亲力亲为，产品设计、内容创作、客户维护、服务交付与流量获取等，每一个环节都需要耗费大量的时间、精力且至关重要。很多一人公司创业者会发现，自己在交付高质量服务的同时，难以投入足够的精力去创作内容吸引新客户，导致自己忙得焦头烂额却无法维持业绩的增长。因此，在一人公司的成长期，必须先把私域营销链路搭建完善。

　　微信作为中国最大的社交平台，是一款集社交、支付、营销于一体的超级应用，为个人创业者提供了一个独特的私域营销平台。在有限的时间和精力下，优先搭建和完善微信生态的私域营销链路，不仅可以提高客户维护的效率，还能增强客户黏性和提高转化率，为一人公司的后续公域引流和转化奠定基础。如果没有完善的私域营销链路，那么就算有大量的流量，也无法承接和实现销售转化。

3.4.1　微信生态私域运营要素

　　微信生态私域运营是指创业者通过微信平台，利用个人号、公众号、企业微信、小程序、视频号等工具，实现与用户的直接联系，达成用户管理、内容营销、用户变现等目标。私域运营的核心在于与用户建立深度连接，提升用户黏性和忠诚度。

　　对于大多数普通的个人创业者，尤其是知识技能变现的一人公司创业者，第一批种子客户一定是从身边来的私域客户。即便是从公域自媒体上引流或成交的新客户，也需要经过微信私域的沟通和运营，才能和客户建立长期的关系，形成可持续发展的商业模式。线下实体商业更是如此，客户从实体店购买了你的产品，如果没有添加微信，没有线上沟通渠道，那么你就很难收集客户的反馈，很难再次触达客户，除非客户再次光临你的实体店。

　　在获客成本越来越高的存量时代，维护好老客户至关重要。在中国市场上，几乎任何商业都离不开微信生态的私域运营，设计自己的微信生态私域运营系统是一人公司持续发展的关键。私域运营主要包括以下内容。

（1）客户引流

流量是私域运营的起点，它代表了所有可能成为客户的群体。针对不同的一人公司产品定位，有效的客户引流渠道可能有所不同。例如，线下门店可以通过"进店扫码，添加店铺微信，送小礼品"的方式引流；电商平台可以将微信二维码印在小卡片上，通过包裹传递到客户手中，从而引流客户到私域微信上。常见和有效的方式就是通过自媒体内容引流，例如，在知乎、小红书、公众号、视频号、抖音、哔哩哔哩等平台输出高质量的内容，吸引用户关注并引导他们添加微信。有效的引流策略需要不断地吸引和增加新客户，同时也要关注客户质量和活跃度。

（2）内容营销

潜在客户添加微信好友之后，并不一定马上购买产品，如果是意向客户，他们很可能先看看你的朋友圈、视频号里的内容，想再深入了解一下。如果是通过引流送福利的方式添加的好友，就需要通过微信生态的内容去触达他们，刺激他们的消费需求。因此，内容营销非常重要，可利用的载体包括朋友圈、视频号、公众号、社群、私信等。通过定期发布潜在客户感兴趣的内容，持续吸引他们的注意力，增强信任感，让客户逐渐了解你的产品，从而产生购买行为。

（3）客户分层

虽然你在持续更新朋友圈、视频号、公众号里的内容，但是用内容触达客户是一个非常被动、效率很低的方式，如何才能精准触达潜在客户呢？直接私信客户。设想一下，如果你的微信好友有近一万人，甚至你有好几个微信账号，好友加起来有几万人，都是辛辛苦苦引流到私域的潜在客户，你如何确保群发的私信是他们感兴趣的呢？如果他们对你的私信内容完全不感兴趣，那么被拉黑和删除的可能性就很大。比如我还没有孩子，却有做家庭教育的人给我发私信，内容都是关于育儿的广告和活动，收到了几次之后我就删除好友了，因为我觉得这个人总是给我发广告，而广告内容对我没有任何价值。

如何避免这种情况发生？那就是一定要做好客户分层管理。对每一个新加的微信好友都做好标签分类、修改备注，比如写明来源渠道、意向产品、消费金额、行为偏好等，这样才能根据客户不同的层级实施不同的运营策略。客户的精细化运营会在后文有详细阐述。

（4）社群运营

社群运营是私域运营必须具备的一个板块。通过创建专属社群，如微信群或小程序社区，创业者可以持续与客户互动，也能激发客户之间的互相学习，增强客户的归属感。在信息爆炸时代，创业者需要争抢客户的注意力，现在每个人的微信里可能都有几十上百个社群，人们不可能每天去看每一个群里的内容，因此，我们一定要保持社群优质内容的定期更新，以吸引客户的关注。除此之外，还可以为付费客户建立单独的小群，提高他们的体验感，同时避免大群的消息太多，导致客户把群消息屏蔽而接收不到关键信息。

（5）变现路径

私域运营是为了提高销售转化率，因此变现路径的设计非常重要。最直接的变现路径就是直接成交转化，如通过朋友圈、私聊等方式，让客户直接扫码或转账支付。此外，可以通过直播带货进行产品展示和销售，或者通过社群发售进行批量转化，如社群团购等。后文会详细拆解微信生态私域营销链路。

微信生态私域运营是一个系统工程，需要创业者从客户引流、内容营销、客户管理、社群运营、变现路径等多个方面进行综合考虑。

通过深入理解微信生态，制定合理的运营策略，一人公司创业者可以设计出一套标准化的自动成交的私域运营系统，节省自己的时间和精力。

3.4.2　微信生态私域营销链路

图 3-4 展示了微信生态的私域营销链路，客户从认识你、了解你、靠近你、喜欢你，到购买你的产品、享受你的服务、接受你的管理，再到帮你介绍新的客户，或许还会和你进行合作，向你推荐你需要的服务或产品等，都可以通过微信私域生态来完成。

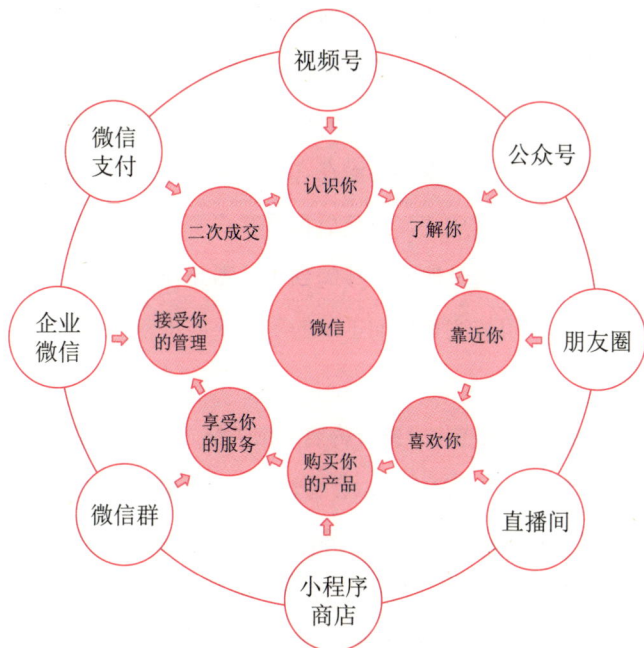

图 3-4　微信生态私域闭环

掌握微信生态的私域营销环节，是建立一人公司的基础，也是让一人公司实现轻松自运转的核心，想搭建这样一个微信生态自动成交链路，必须仔细设计每一个环节。

（1）视频号

和抖音不同，视频号建立的基础是私域客户推荐机制，因此其会将短视频内容推送给精准客户。例如，你点赞的视频，会更容易被你的微信好友看见。所谓"人以类聚、物以群分"，大多数聚在一起的微信好友有着共同的行为习惯或兴趣爱好。因此，如果你发布一条短视频能够吸引一位精准客户，那么通过他的推荐点赞和转发，就有很高的概率帮助你吸引到一批精准客户。

视频号还可以关联企业微信，通过短视频和直播这种公域渠道将潜在客户顺利引流到微信私域，这是其他公域平台很难实现的。

视频号直播也是每一位个人创业者都可以尝试的一种营销获客方式。通过直播创业者可以直接与潜在客户互动交流，开通微信小店就可以实现直播间直接卖货成交，成交后再将客户引流到微信上做沟通和运营。反过来，也可以通过转发直播间到朋友圈和社群来不断触达私域的潜在客户，将他们引流到直播间下单购买，从而实现完美的公私域流量闭环。

在视频号的基础设置上，简介内容非常关键。个人经历、成就标签、分享的内容等都可以写在简介上，让粉丝更好地了解你。还可以留下一个"钩子"，用来引导粉丝添加你的微信，例如，"添加微信领取价值980元的《自由人生启航课》"。此外，从个人品牌角度，为了提升个人品牌的辨识度，建议个人创业者把头像和昵称设置成全网一致。例如，我所有的自媒体账号昵称都是"Alina 霖子"（如图3-5所示）。值得注意的是，视频号认证后可以和公众号关联起来，从而实现粉丝的互相导流。

Alina霖子
教育自媒体 ✓
新西兰 女

- 🎖️国际认证PCC专业人生教练
- 💼个人品牌资深商业教练
- Freedom Life Coach自由人生教练创始人
- ✉️个人微信：AlinaWang321

- 🎓新西兰奥克兰商学院MBA
- 🏫英国纽卡斯尔大学HR硕士
- 📍全球旅居，现定居新西兰
- 📝分享自由生活、个人成长、人生教练及个人品牌商业知识。
- 🎁添加👈微信领价值💲980元《自由人生启航课》
- 公众号：Alina霖子

图 3-5　视频号的简介内容设置

（2）公众号

虽然大家都说公众号的红利期已经结束，短视频时代的到来也导致长文章的内容和形式不再像之前那样受关注，但短视频替代不了长文章带给客户的深度思考，就像课程替代不了看书带给客户的独立思考和专注力训练一样。

公众号在微信生态里依然有着无法替代的位置，虽然它不再是内容创作者首选的收入和创作渠道，但它依然可以作为个人创业者的专业内容输出渠道和客户案例口碑的沉淀渠道。爆款短视频的要素是短平快的视觉或观点冲击，而公众号的图文可以输出更有深度和更具专业性的内容，引发读者的思考和共鸣。个人创业者可以定期更新公众号，输出自己的专业知识，来提升自己在定位领域的影响力，也可以在公众号上发布老客户或学员的案例故事分享，作为产品宣传的客户证言。

目前，微信依然在推广优秀的公众号文章，给公众号创作者一些自然流量。比如，当你阅读一篇公众号文章之后，文章下方会出现"喜欢此内容的人还喜欢"相似公众号文章的自动推送。因此，只要你持续创作优质的公众号内容，都有可能被微信官方推送给潜在客户。如果你的文章被亲朋好友阅读后点击了下方的"在看"，那么这篇文章就会被他们的好友在微信的"看一看"栏目里发现，从而实现私域好友的裂变传播。总而言之，公众号是私域营销链路中非常重要的一环，一定要设置好被关注后的自动回复，定期输出专业的、有深度的文章。

如图3-6，公众号的设置里最重要的就是自动回复。通过"被关注自动回复""关键词回复"和"收到消息回复"功能，我们可以有效地把粉丝引流到微信上进行沟通，让客户加入我们的私域流量池。

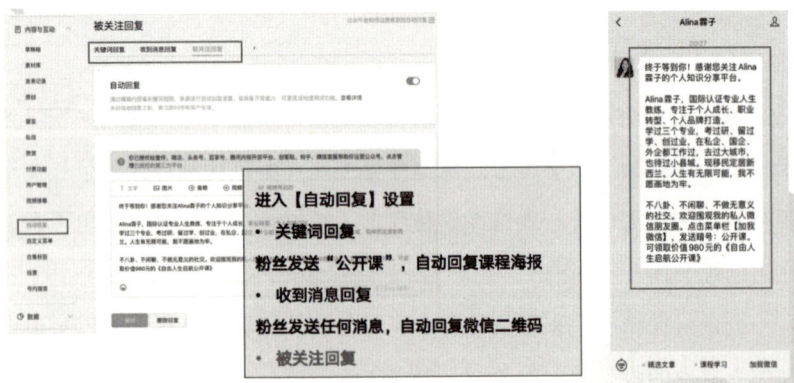

图 3-6　公众号自动回复设置

（3）朋友圈

通过视频号和公众号引流到微信上的潜在客户，需要通过微信朋友圈的持续内容输出来不断触达他们。朋友圈已经成为个人创业者必备的营销阵地。每天在朋友圈分享自己的个人生活可以拉近你和微信好友之间的关系，分享自己的客户口碑案例可以建立起和潜在客户之间的信任，而遇到营销活动的时候通过朋友圈发布活动预告，可以有效地激发潜在客户的购买欲。

朋友圈有四大必备要素：背景图、头像、昵称和签名。背景图上可以放上自己的个人简介和服务产品简介，头像和昵称建议保持全网一致性，签名可以加上一句自己的价值观或座右铭。

朋友圈内容不仅需要频繁地产出，也需要设计和规划。比如，我把朋友圈的内容在不同的场景下做了分类，可以有不同的作用。

第一种是日常生活的展示。如图 3-7 所示，可以发布一些引起价值观共鸣的观点，或者发布一些展示自己真实生活状态的照片，来塑造自己真实的人物形象，拉近我们和微信好友之间的距离感。还可以输出一些内容来激发评论区的互动讨论，提升好友和我们的关系。

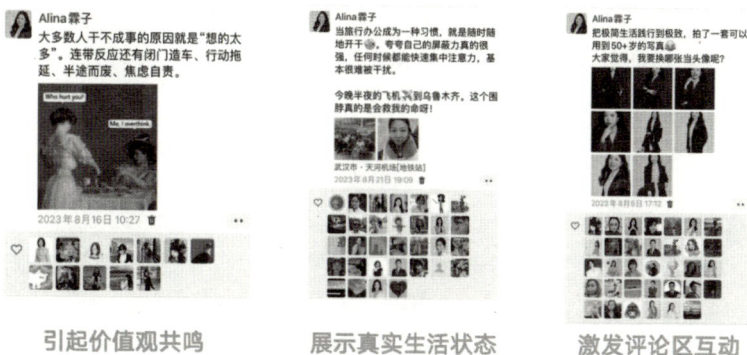

生活个性展示

引起价值观共鸣　　　展示真实生活状态　　　激发评论区互动

图 3-7　日常生活朋友圈示范

第二种是客户好评反馈。如图 3-8 所示，我们要在朋友圈里展示自己的客户口碑案例、呈现自己的工作状态，才能让他人通过朋友圈了解我们的业务和产品，建立信任感。否则，客户即便在你的微信里，也无法通过你的朋友圈知道你有什么产品和服务，有需求的时候也不会找你，那样你就会错失很多机会。

客户好评反馈

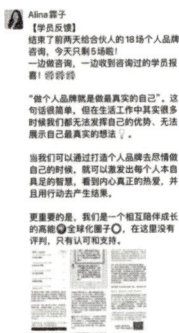

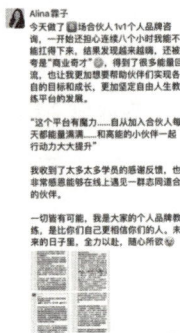

分享客户口碑好评　　展示工作认真忙碌状态　　呈现客户成功案例

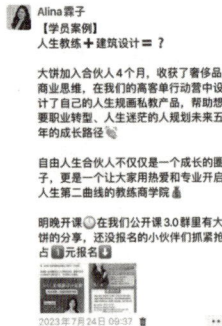

图 3-8　客户好评朋友圈示范

第三种是自己专业领域的输出和产品展示。如图 3-9 所示，直观地告诉别人你在做什么，你有哪些知识经验可以帮助到别人，同时如果他们有需要，你可以提供哪些产品和服务。让朋友圈的好友可以一目了然地知道你的定位和产品。

专业+广告输出

专业观点引流　　价值塑造软广　　交付内容硬广

图 3-9　专业内容朋友圈示范

第四种就是私域营销活动的预热。如图 3-10 所示，比如你准备发售一款新产品，或者筹备一场直播活动，都可以通过朋友圈提前预热，通过持续宣传让大家关注到你的活动，吸引客户的注意力，并激发他们参与进来。

图 3-10　营销活动朋友圈示范

第五种就是产品发售之后的活动回顾和二次追销。如图 3-11 所示，我们做一场私域的营销活动，要有始有终，让朋友圈的好友像追剧一样通过我们的朋友圈完整地看到一场活动的开始和结束，以及获得了怎样的成果。这样不仅可以提升客户对我们的信任，也可以再次激发潜在客户的购买和参与欲望。

通过朋友圈内容持续的营销，可以让新添加的微信好友快速通过朋友圈了解我们的最新活动和产品业务。

（4）微信群

虽然朋友圈的内容输出很重要，但现在大家的注意力越来越分散，刷朋友圈的时间越来越短，也就意味着我们每天发的朋友圈可能只有少量的人看见。如何让我们的内容可以在微信里有更多的方式和渠道触达到潜在客户呢？还有一种更有效的方式，就是把潜在客户聚集起来，放在一个微信群里，通过每天定时在群里发布内容，精准地触达客户。

图 3-11　追销朋友圈示范

不用担心客户把群屏蔽后无法及时收到信息，只要他们还留在社群里，只要有一天点开社群页面，就意味着他们可以快速、集中地通过你发布的内容了解你的业务和产品，以及最新的动态。

想要运营一个高质量的微信群，不能只在群里发布广告信息，还需要设计一些可以让社群成员参与进来的活动，增加社群的活跃度和黏性。在《个人品牌打造：从 0 到 1 低成本创业》这本书里，我对社群运营做出了详细的分解，在这里不再赘述。

（5）小程序

朋友圈就是每个人的个人店铺，你需要有店名、店招（朋友圈背景图、昵称、头像），有产品的摆设（朋友圈的内容输出），还要有收银台。目前，大多数人通过微信转账的方式直接收款，虽然方便简单，但不利于数据管理，也无法积累客户的口碑案例。

对于一人公司的创业者而言，若是有一个属于自己的小程序店铺，那么不仅可以上架和管理自己的商品，积累订单数据，还可以沉淀客户口碑案例。目前，市面上绝大多数小程序商城是电商类型，不太适合知识变现的个人创业者，因此我开发了一款小程序，叫作"超级主页"，专门为以咨询、课程服务为主的个人创业者设计，除了商品课程下单功能，还增加了简介、推荐信、关联客户互推模块。"超级主页"不仅可以作为微信社交的电子名片、电子简历使用，还可以积累订单和客户案例，更可以作为一个私域互推引流的工具。如果你的预算充足，也可以开发或定制自己的个人小程序，来打造专属的私域收银台。

（6）企业微信

既然是想进行一人公司创业，必然要合法合规，一定要申请公司的营业执照，无论是个体户还是有限责任公司都可以，当你有了营业执照，就可以注册企业微信，也可以开通微信小店。企业微信有一些非常实用的功能是个人微信所没有的，我个人使用频率较高的功能是新加好友的自动回复、入群自动回复、批量群发消息和发布客户朋友圈[①]。还有很多非常好用的功能，大家可以根据自己的业务情况进行选择。当未来有合作伙伴的时候，也可以邀请合作伙伴注册企业微信，这样就可以和他们的个人微信区分开来，也便于进行客户管理。

总而言之，当一个人可以通过微信生态搭建起完整的私域成交链路，通过视频号、公众号或其他自媒体平台引流潜在客户到微信上，再通过微信朋友圈、社群、小程序的运营来形成刺激咨询—下单成交—口碑裂变的闭环，那么个人创业者就拥有了一人公司的可持续商业模式。

---

① "客户朋友圈"是企业微信功能之一。

3.4.3 私域客户精细化管理

在人人都开始做自媒体的数字化营销时代，获取流量变得越来越贵，也越来越难，辛苦创作内容引流粉丝添加微信到私域里，却不知道如何促进销售转化，或者客户购买了 MVP 之后不知道如何让客户升单、复购，也不知道如何维护好客户关系，于是，辛苦引流来的客户都成了躺在微信里很久都不联系的陌生人，销售转化率太低，只能投入更多的时间精力做内容引流，添加微信之后又陷入困局……如果不懂私域客户精细化管理，就会进入这样的恶性循环。

搭建一个自动成交的私域运营系统，让新加微信的潜在客户可以自动成交，同时还可以维护好和老客户的关系，不断激活他们复购、升单或转介绍，这才是私域运营的目标，而私域客户的精细化管理就是其中最关键的一部分。

● **第一步，客户数据收集和分析。**

在创业初期，需要形成潜在客户的画像，以此来筛选精准的目标客户并进行营销。当潜在客户添加微信、购买之后，更需要收集和梳理他们的数据，如行为偏好、职业背景等，进行对应的分析，帮助创业者更加清楚客户的需求和消费偏好，提炼最有效的营销渠道和方式，从而降低营销成本，还能为产品迭代和服务提供方向。

例如，当潜在客户添加微信之后，及时打招呼问好，询问他们是从哪里了解和获得你的微信的，从而记录和分析不同渠道的引流效果。当客户下单购买产品后，让对方填写一份简单的问卷，收集他们的购买渠道、职业背景、收入范围、当下遇到的问题、期待产品提供的价值或建议等。在创业初期，可以使用表格把每一位客户的信息都记录下来，通过数据分析，就可以找到目标客户引流效果最精准的自媒体渠道、成交率最高的职业人群、不同收入客户的问题和需求有什么不同、客户最希望收获的价值等。

● **第二步，客户分层和标签管理。**

随着私域客户数量越来越多，客户分层和标签管理显得尤为重要。客户分层是指根据客户的消费行为和偏好，将客户分成不同的层级，如高价值客户、中等价值客户和低等价值客户等。在微信中，可以给不同层级的客户备注不同的标签，或者备注不同的名称，进行分组管理。具体的客户分层和标签管理方法可以参考本章的工具篇。

通过给不同的客户备注不同的标签，就可以根据不同客户群体的特点和需求，提供定制化的沟通和服务，从而提升销售转化和客户满意度，而不是把同样的消息群发给所有人。同时，这也有助于优化资源分配，提高营销活动的投入产出比（ROI）。

● **第三步，内容定制和个性化推送。**

对客户进行分组和标签管理之后，就可以根据他们的消费需求和偏好，精准推送对应的活动、营销或"干货"，来吸引客户的注意力，激活客户的互动和参与，从而达到销售转化的目的。

举个例子，如果你是做家庭教育相关的业务，新推出的产品是青少年出国游学项目，那么就要把你所做的公益活动、产品广告等推送给在上中学的孩子的父母，发送时间最好是晚饭之后，因为白天客户基本在工作。如果你的朋友圈里有的客户的孩子还在上幼儿园或者已经上大学，那么就不要直接推送产品广告给他们，而是可以换一个沟通方式，告诉他们可以推荐青春期孩子的父母们来参加，推荐成功之后可以获得一件小礼品，这样就可以激活不是目标客户的私域粉丝也可以帮忙转介绍新客户。

除了定期进行个性化内容推送之外，对于已经成交的客户数据进行分析，还可以提炼出针对不同客户最有效的不同营销话术，把这些话术整理成文档，后期就可以让合作的销售人员或者私域运营人员去做沟通和转化成交。

3.5　工具篇：私域客户标签管理表

每添加一位微信好友，就要在加上微信的时候做好标签分类、修改备注，这样以后就可以通过备注名称来快速了解客户的分级类型、意向成交的产品、渠道来源等。表 3-1 是一个客户管理表的示范参考，可以根据自己的业务和产品情况进行调整。备注示范：B1- 昵称 - 渠道 - 意向产品，比如 B1- 小王 - 小红书 - 自媒体课。

表 3-1　客户标签分层管理表

类别	标签维度	标签说明	运营动作
A 类客户	A1	购买金额 1 万元以上	提醒产品服务，定期回访反馈
	A2	购买金额 1 千元至 1 万元之间	定期回访反馈，升单提醒
	A3	购买金额 1 千元以内	定期回访反馈，升单提醒

续表

类别	标签维度	标签说明	运营动作
B 类客户	B1	30 天内主动咨询产品的精准客户	每周发送相关"干货"或活动触达 2 次，刺激销售
	B2	判断有需求的潜在客户	每周发送相关"干货"或活动触达 2 次，刺激销售
	B3	已经沟通过还未成交的意向客户	30 天内每周跟进至少 1 次
C 类客户	C1	新加好友还未沟通，需求不明	7 天内进行首次沟通，了解客户背景和需求
	C2	报价和沟通后 30 天未成交客户	每周跟进 1 次
	C3	沟通过但暂时被拒绝	每月跟进 1~2 次
D 类客户	D	30 天以上不表态不回应的沉默客户	每月定期发送相关活动提醒，激活客户
E 类客户	E	同行竞争对手	屏蔽活动消息
F 类客户	F	家人、朋友	屏蔽广告内容

第四章

聚焦期：创造你的高客单价产品

经过了前面个人定位的探索期和知识萃取的成长期，我们已经对市场的需求和客户画像有了清晰的认知，并且通过最小可行性产品（MVP）的交付验证了市场，积累了第一批客户，接下来就要聚集在核心优势上，创造独特的高价值产品，实现收入的增长和差异化竞争力的提升。将个人品牌与高客单价产品相结合，可以构建一个既能提高利润又能提升客户忠诚度的商业模式。本章提供了从高客单的产品构思到销售的全方位策略，指导读者如何在一人公司的聚焦期脱颖而出。

4.1　打造你的独特高客单价产品

相比于传统的大企业，一人公司的资源是有限的，想要提升收入，一人公司创业者必须避免和企业进行"薄利多销"的竞争，而是聚焦自己的核心优势，提供高端或个性化的服务，打造独特的高客单价产品。

4.1.1　为什么要做高客单价产品

很多一人公司创业者在创业初期阶段有一个共同的问题，就是不够自信，所以一开始会做免费的产品，然后从几十元开始收费，还很难找到客户。因为大家的思维都停留在"我还不够专业，我的经验还不足；那么多比我资历老的行业前辈，他们才收几百块钱，我凭什么收高价呢？"你是不是也这样想过？

你会发现，如果你提供低客单价甚至免费的产品，你的客户往往会不珍惜获得产品或服务的机会，从一开始就会觉得你的产品不值钱。所谓"一分钱一分货"，定价是消费者判断一个商品价值最简单的标准。举个例子，如果有一家价格 38 元的海鲜自助餐厅，你会去吃吗？绝大多数人不敢去，因为 38 元太便宜了，怎么可能吃到新鲜的海鲜呢？还是自助餐，这么便宜，食物肯定有问题。所以我们发现，在消费者眼里，标价便宜的商品，质量一定不怎么样，甚至因为价格太便宜，反而会吓跑高端用户。因此，你的价格决定了别人如何看待你的产品价值或服务价值。

当客户认为你一定可以提供非常高的价值，那么他就会非常珍惜和你沟通的机会，也就能够专注在你提供的产品或服务中，这样客户才能真正听得进去你给予的支持或建议，并且转化为落地的行动。尤其对于知识付费行业而言，只有客户在学习了之后"听话照做"，产生行动才会有改变和结果。如果客户不信任你或者认为你的课程咨询价值不高，那么即便付费了也就是听听建议便搁置了，不会按照你的建议去行动，也就自然不会有结果，最后导致你的课程咨询无法产生口碑案例。

另外，中国还有一句话叫作"拿人钱财，替人消灾"。虽然用在这里不太恰当，但这就是人性。当你收了钱，你才会有一种责任感，一定要尽最大的努力去帮助付费的客户。很多想用自己的知识和技能创业的人，为什么在创业初期能力提升得非常慢？因为他们一直在做免费或低价的服务，这其实是一种对自己的低要求，因为心理上总会觉得"反正我也没收客户的钱，还提供了服务，就算没有达到什么效果，客户也不会好意思来评判我"。反过来，如果你收了 500 元甚至 1000 元一个小时的教练咨询费，或者上万元的私教陪跑或定制服务费，你一定会对自己有更高的要求，绞尽脑汁去提升自己的能力，给客户提供更好的服务，让客户获得满意的结果，在不断努力下你的能力一定会提升得非常快。

这也是我实现教练商业化比大多数人顺利的原因，在我刚学习教练课程的时候我就开始大胆收费做一对一的教练个案了。因为收了钱，所以我对自己的要求更高，会更努力地学习，而客户因为付了费，他们会更重视我的教练服务，更愿意在接受了教练服务之后付出努力和行动。而大多数人生教练和咨询师会发现，当用"随喜红包"招募来的教练咨询体验者，通常并没有非常明确的问题，只是为了体验一下，那么整个教练咨询过程就很难真正帮助客户，客户也就很难有新的启发和收获。

总结一下，为什么要做高客单价产品？第一个原因是用价格显示自己的个人品牌和服务价值。消费者判断一件商品的质量最简单的衡量标准就是看价格。第二个原因是高客单价可以让客户更重视你和你的服务，从而投入到你的产品交付中，并且获得他们想要的结果后转化为行动。第三个原因是当我们收了钱，必然会对自己的服务有更高的要求，会更努力地提升自己的能力。

以上原因都比较浅显，如果你已经开始想要做自己的个人品牌，开启一人公司创业，那么还要从更高维度的商业认知角度来理解，一人公司为什么需要做高客单价产品。

以知识付费行业为例，作为教练或咨询师，如果你只做单次的一对一教练或咨询服务，那么每次客户消费完你的一个小时时间就走了，你需要不断找新的客户，才能维持自己的收入。另外，单次教练咨询的最高收入是非常低的，唯一提升收入的方法就是提高单次服务的客单价，可是一个小时最多能收多少钱呢？以我的经验来看，1500 元一个小时已经是普通人一对一教练咨询定价的上限了。

如果你只是想借助一对一的教练或咨询服务认识更多的朋友，将其作为一项副业，那么完全是可以的，但这样的产品设计不足以支持一人公司的持续运转。这个时候，或许有的人会想到做课程、做训练营，或者做社群，去实现一对多的产品交付和变现。这确实是一种方法，但是，这种方法依然是不可持续的。因为知识本身不值钱，现在每个人都报名了很多课程还没来得及听，每个人的微信上都有无数个社群，所以若只是做课程、做社群，那么你会发现你很难招生变现，社群的活跃度也会很低，而且自己备课、讲课、录课需要花很多的时间和精力，这并不适合所有的教练、咨询师。

在过去，整个市场是增量市场，什么是增量市场呢？因为企业都在深挖现有消费者的个性化需求，开发新的需求点，开拓新的市场、增加新的品类来刺激利润增长，只要挖掘一个小的、新的需求点，立刻用广告投放或性价比去"跑马圈地"，占据新市场，就能获得利润。在增量市场做市场营销有两个关键，一是挖掘客户新的需求点，二是用薄利多销获得更多的客户人数，然后快速迭代产品，获得利润增长。

这时候，企业在想方设法提高和用户沟通的效率，拼性价比、薄利多销，通过广告投放获客、做引流产品等来吸引更多的客户，然后通过快速迭代不断满足新的需求点。例如，在个人品牌行业，过去几年不断有新的产品出现满足新的客户需求点（如朋友圈文案教学、朋友圈美学、直播操盘手、社群运营、个人品牌故事撰写、个人品牌故事短视频拍摄等），这些就是在个人品牌创业领域，客户不断出现小的、新的需求点，但只要能快速产出产品满足这些小的、新的需求点，然后趁市场还未饱和的时候用薄利多销快速拉新获客，就能获得利润。

现在我们再去回看，会发现所有的需求基本上已经饱和，甚至每一个需求点都已经有头部企业或者头部 IP 占据了主要的市场份额，所以新入场的企业或个人 IP 很难再通过薄利多销去跟行业巨头竞争，毕竟他们的客户人数更多，而人口红利是薄利多销能够获利的关键。所以，我们现在使用增量市场的打法已经不行了，现在知识付费或个人品牌创业已经进入存量市场。在存量市场下，获客成本更高，人群基数将很难再增长。比如，过去大家见过了各种各样 9.9 元的课程、各种千奇百怪的教练或咨询师，客户就不会觉得新奇和心动了。

怎么办？**在存量市场下我们要解决的不是沟通效率的问题，而是提高产品溢价和用户黏性问题。所以，我们必须做高客单价产品，培养超级用户。**

在存量市场下，利润增长的关键不在人数，而在于客单价、利润率、复购率。增量市场下，我们与客户都是"露水情缘"，你报名了我的课程，你去听就可以了。而存量市场的思维是找到 1000 个真爱粉，相伴到老，给客户提供独特的价值，与每一位客户建立长期的关系。

一人公司创业者想要"做得更少、赚得更多"，做好自己的个人品牌，获得利润的增长，就需要结合更多的交付方式和知识技能，打造自己的高客单价产品，提高服务质量，增强客户黏性。并且，这款产品要非常具有竞争力，是市面上独一无二的具有你个人品牌特色的高客单价奢侈品。这款奢侈品别的地方都没有，只有你可以提供，具有强烈的个人特色，融合了你独特的个人经验和知识，并且能够帮助特定的人群解决特定的问题，让你可以在同行中脱颖而出。如果你可以打造出自己的这款奢侈品，那么不仅你的收入可以快速增加，且在获客和营销上也会事半功倍。

4.1.2　如何给高客单价产品定价

我有一位客户是 PTE 英语考试^①口语老师，之前在培训机构当老师的时候，培训机构都是统一定价，课时费 300 元一个小时，其中 100 元还要被培训机构抽成，自己到手的只有 200 元。因为习惯了培训机构这种按课时费定价的方式，所以当她想要打造自己的英语口语辅导产品的时候，依然是这种定价思维，总在纠结一个小时的课时费应该定价多少，定高了觉得学员会嫌贵不买单，定低了又觉得自己心里很憋屈，这就是典型的低客单价产品思维。

低客单价产品对应的是消费能力较低的低净值客户，而高客单价产品的目标客户是消费能力较高的高净值人群，在用户定位上就不一样，因此产品的设计和营销逻辑是完全不同的。**定价，定的是用户群体。**

如何给高客单价产品定价呢？多少钱才算高客单价呢？你可以先想一想，你的答案是什么。

在这个问题上，我们会发现每个人的答案都不一样。多少钱才算高客单价？是没有标准答案的。有的人认为 3000 元以上就是高客单价，有的人认为 2 万元以上是高客单价，还有人认为 10 万元以上才是高客单价。

为什么大家对高客单价产品的定价区别这么大呢？因为每个人的消费水平和消费习惯不同。

仍以知识付费行业为例，如果你是购买过 1 万元以上知识付费产品的人，那么你一定会觉得 1 万元以上才是高客单价。但如果你习惯了购

---

①　PTE 英语考试（Pearson Tests of English）是由培训语言考试中心研发的英语水平考试系列。

买几百元的课程，那么你就会认为几千元的课程就算高客单价。如果你和我一样，购买过十几万元的知识付费产品，你就会觉得几万元的定价才是高客单价。其实这也说明了你在知识付费领域的消费习惯决定了你在这个领域的收费认知。

换到其他领域也是如此。**你的消费习惯决定了你的收费认知**。因为你对一款商品的消费习惯，在你的潜意识里就是你觉得这款商品值多少钱。如果你习惯了购买几百元、一两千元的课程，那么当你自己做咨询、做课程的时候，你自然会觉得几百元、一两千元是正常的价格。因为那些一两万元的课程根本就不在你的认知范围里，由于你没有购买和体验过更高价值的产品，你不会明白为什么别人的课程可以卖得那么贵，不知道他们的产品设计背后的逻辑。

这其实就是认知的差别，每个人都赚不到自己认知以外的钱。

我们怎样提升自己的认知？"破圈"成长，进入更高维的圈子里，认识更优秀的人，学习更先进的思维理念，模仿那些比我们先通过个人知识经验赚到财富的人。想赚钱，就要先靠近富人，学习他们的思维模式和行为习惯。

有一句话近几年很火："拿着旧地图，到不了新世界。"如果每一年你都在重复做自己已经会的事情，在自己熟悉的领域里打转，每一天都在重复昨天，做着同样的事情，那么你的生活和人生怎么可能发生新的变化、遇到新的转机呢？这句话背后的含义就是如果你追求稳定和确定性，只做安安稳稳、能够看到确定性结果的事情，不敢去面临任何挑战、不敢去迎接不确定性，那么你的人生就不可能有新的变化和机遇。

你能接受多大的挑战，就能取得多大的成就。想要实现一个更高的目标，给自己的产品定一个更高的定价，一定是有多大的能力，办多大的事，需要脚踏实地一步一步来，不能好高骛远。如果你定了一个高价，却无法给客户交付对等的价值，那么就是"割韭菜"，损失的不只是你的名誉，更有别人对你的信任。信任是成交的基础，一旦被摧毁了，几乎不可能重建。所以，我们要清楚自己的能力边界。你的高客单价产品，取决于你的产品矩阵和个人品牌。产品矩阵是你的整个商业模式的搭建和你的专业交付能力，个人品牌是你的个人影响力。这两点都需要时间的沉淀和经验的积累。

4.1.3 　高客单价产品的四个发展阶段

　　普通人最快可以实现知识技能变现的产品就是一对一的咨询产品，而你所提供的咨询服务一定和别人是不一样的，因为咨询对话是实时发生和需要及时反馈的，所以一对一的咨询产品具有无法复制的独特性。

　　在我创业之前，开辟的副业是做一对一的教练。有一年，我做了一百多场教练对话，遇见了 100 多个人。也就是说，每个人只和我约过一场对话。那时候我不懂复购，也没想过要让同一个人为我的多次教练或咨询付费，因为我的目标是通过教练和咨询遇见更多的人、帮助更多的人。我很感谢那几年的副业经历，让我通过深度的教练咨询，帮助别人解决生活、职业和个人成长上的问题，同时也拓宽了自己的认知思维。在见识过很多人的人生故事和成长困惑之后，我更加认识到人与人之间的不同，也更加接纳和包容这些不同。

　　我创业后开始研究人生教练如何成为一个可以养活自己的职业。这时候我发现，如果我的产品只有一对一的教练对话，我的获客压力会非常大，而且客单价的天花板很低。因此，我开始设计长期的咨询服务产品，结合了教练技术、咨询技术、营销策划、培训课程等经验知识和多元化的交付形式设计了我的个人品牌私教产品。客单价从 500 元一个小时变成了 1 万元一年的陪伴。

之后我创立了"自由人生教练"平台，搭建了一个以人生教练为基础的圈子，开设了体系化的课程和多种方式的线上培训和服务，也打造了不同的产品矩阵，最高的客单价从 1 万元涨到 5 万元。后来，随着我的客户从职场人士变成自由职业者和创业者，再慢慢地变成企业主，客单价又从五位数涨到了六位数。

根据我个人的经验，以及我调研的知识付费行业里很多创业者的经历，我总结出了适合一人公司创业者在知识技能变现上打造高客单价产品的四个发展阶段。

● 第一阶段：设计私教陪跑产品。

通过多次教练对话或咨询对话打包，设计自己的长期私教陪跑产品。简而言之，就是之前单次的一对一咨询如果收费 500 元，那么就可以设计一个三个月十次的咨询私教服务，收费 4800 元。在这一阶段，你依然是在贩卖自己的单位时间，所以收入的天花板很低。

● 第二阶段：私教搭配社群服务。

当你有了超过十位长期的私教客户，就可以让他们加入你的私教陪跑社群，可以从一对一的服务变成一对多的社群服务和课程，相当于你重复售卖自己的单位时间。

● 第三阶段：在私教和社群服务的基础上创建自己的知识体系。

知识本身是不值钱的，只有带来行动上的改变，知识才有价值。对于普通人而言，贩卖的只是信息差，别人不知道的知识，恰好你知道而已，所以你可以分享你的知识来帮助他们，如开设一门课程或者写一本手册。

如果你想实现知识技能创业，必须创建自己的一套知识体系，而不是给客户碎片化的信息和指导。当你有了自己原创的知识体系，你才能去打造自己独特的高客单价产品，借助这个产品，客户进入你的知识体系，你带着他们一步一步去行动，实现改变和获得结果。

● 第四阶段：在知识体系的基础上创建一个生态圈子。

如果你想年入百万元，只靠一款高客单的产品或服务是很难实现的。在第四阶段，你必须有自己的产品矩阵，以满足不同需求和付费能力的客户，同时还要通过社群搭建你的生态圈子，让客户之间可以产生链接和沟通，以此来保持客户的黏性。

以上是基于我的个人经验总结的知识付费领域设计高客单价产品的四个阶段。过去我帮助了很多人去设计他们独一无二的高客单价产品，每个人的产品设计都有所不同，但核心是一样的——聚焦解决某个特定的问题，整合他们当下所有的资源、能力、经验去设计一个有效解决问题的知识模型，这个知识模型一定是原创的，是基于个人独特经验和知识提炼出来的，这样就具有了个人品牌特色，是难以被复制的。

例如，我的一位学员是建筑师，学习了教练技术和斯坦福的人生设计课后，她给自己设计了一款高客单的私教产品——"人生规划私教服务"。这款产品可以完美地结合她擅长的设计领域的空间艺术感知能力，以及教练技术和斯坦福人生设计知识，帮助人生迷茫期的人们通过绘图、教练对话、OH 卡牌[①] 等工具去探索自己的发展路径和

---

① OH 卡牌，也称"OH Cards"，即潜意识投射卡。

方向。

知识变现是最适合普通人的创业道路，但从几百元的一对一咨询到上万元的知识体系私教陪跑，需要个案的积累和时间的沉淀，需要脚踏实地一步一步去坚持学习、输出和总结复盘，能够不断创造自己的知识模型，并且要根据市场和客户的变化而不断迭代。

4.2　卖出你的高客单价产品

营销是很多初创者最大的卡点，尤其是那些"过去从来没有赚过上班以外的钱"的人。在打工人的思维模式里，只要完成领导的工作安排，按时按点上下班，就可以每个月领到固定的工资。但**创业是另一种赚钱方式，所有的环节都在于一个词——创造**。

"创造"就是无中生有，前面的内容都是在阐述如何创造出自己的产品，但只有产品并不能赚钱，把产品卖出去才能赚到钱。因此，营销能力是所有创业者的基础能力，也是距离钱最近的一种技能。

想要卖出高客单价产品，就要理解购买高客单价产品的消费群体的特性。购买力有限的消费者，追求花更少的钱获得更多的东西，而高净值的消费群体不仅具有强大的购买力，更重要的是，他们对时间的价值有着极高的认识，追求的是高效解决问题的解决方案。通常他们非常明确自己的需求，更愿意为快速、精确满足这些需求的产品或服务支付高价。因此，创业者首先要改变固有的低客单价营销思维，先理解高客单的营销思维方式，然后才能掌握高客单的销售技巧。

4.2.1　一个思维，百倍提升销售业绩

想卖出高客单价产品，首先要先突破一个错误思维：产品卖得越多越好。

你一定觉得很奇怪，卖得越多不是赚得越多吗？为什么不是越多越好呢？其实，这就是普通的商业思维和奢侈品商业思维的区别。如果你只学习了销售技能，那么你的关注点一定在数量上，而如果你要培养的是高客单的奢侈品思维，那么你的关注点应该在质量上。

什么叫作质量呢？第一个是你的产品质量，第二个是你服务的客户质量。

有人会觉得，随便建立一个读书会的社群，每天带大家读书，然后做知识分享，就可以收费赚钱，然后去"卖社群"。听起来是很简单，但是这样的社群，能卖多少钱？能创造多少价值？吸引的又会是什么样的人呢？对你而言，能帮助你有什么成长呢？

知识付费行业刚刚兴起的时候，这样简单的低客单价的社群产品是可行的，但是现在只做一个没有太高质量的社群或知识产品，想要通过提升销售量来赚钱，已经非常困难了。没有自己的差异化核心竞争力，不仅获取流量的难度更大，销售利润空间也很低。所以，**一人公司创业者要提升自己的产品质量，具备奢侈品思维：卖得多不如卖得贵。**

思考一下，谁会去购买奢侈品呢？一定是高收入人群，而高收入人群通常情况下是学历更高、认知水平更高、工作能力更强的人群，也就是高客单价产品定位的高净值客户，或者可以简单称为高端客户。这样的客户也是更容易出结果的客户，他们很少纠结内耗，更容易沟通理解，目标清晰、行动力强。服务高端客户会轻松很多，也更容易打造成功案例。

对企业而言，优秀的人才是筛选出来的，不是靠培养，选择比努力更重要。对于一人公司创业者而言也是如此，一定要筛选客户。尤其是对于知识付费行业的创业者而言，我们是通过深度沟通来服务客户，我们和客户之间的能量场域是相互影响的。一名优质的客户会给我们很多的正反馈和正能量，帮助我们成长，而一名不合适的客户可能消耗我们极大的精力，并且会反噬我们的能量。

所以，想要卖出高客单价的产品，首先要有奢侈品思维，设计自己能够交付的最高价值的产品，筛选优质的客户，更快地让客户获得结果，打造成功案例，也让自己更容易建立自信，收获良好的关系和能量状态。

4.2.2　六个角度，升级定价营销思维

卖得多，不如卖得贵。在定价上要考虑哪些核心要素呢？

以知识付费创业为例，如果是初级教练咨询师，目前只是在做单次教练咨询，那么你的定价要根据你现有私域用户的付费能力而定。因为创业一开始的种子客户一定是先从现有的私域用户里寻找，成交是建立在信任的基础之上，已经认识的人因为已经有信任基础所以是最容易成交的。除此之外，还要考虑自己的个人背景、履历和影响力。这些都是定价需要考虑的因素。同样是刚学人生教练、刚开始从事教练的人，为什么有的人很快可以有付费客户，并且很快可以收高客单价？一般是因为他们已经有很强的个人影响力，比如之前就会有一些人来付费咨询，之前就有某个领域的学员或客户。个人的背景履历，如工作经验、学历证书，是一个人过去所付出的努力，现在很多人可能到中年才开始意识到要打造个人品牌，已经无法更改自己过去的背景履历了，但可以从现

在开始学习，用大量的输出去扩大自己的个人影响力。

如果你是一名职业教练或咨询师，那么你的定价在于教练咨询的时长和经验，以及新增流量和获客能力。仅是专业能力很强，不懂流量营销，是很难找到客户的，可能定价99元也不会有人买单。所以，想用知识技能创业，专业能力只是一方面，流量获客的销售能力才是关键。试想一下，如果你现在收费99元一小时，每天有10个人想来找你做教练咨询，你不可能每天去做10个小时的教练咨询，怎么办呢？当然是顺其自然、理直气壮地涨价了。涨价到299元一小时、500元一小时甚至1000元一小时，你服务一位客户可以抵之前服务十位。所以能收多少钱，重点不是看你有多专业，而是看你的流量和营销能力。

如果你是在知识付费行业里想通过个人品牌创业，突破收入的天花板，就需要考虑同行的定价、你可以提供的价值，以及你服务的客户人群，我们可以从六个角度去升级自己的定价营销思维。

● 第一个是用户角度。

既然是奢侈品，面向的一定是高端客户。低端客户和高端客户之间是有区别的，想要把产品卖给高端客户，就得清楚高端客户想要的是什么。我们会发现，低端客户想要的是内容越多越好、服务越久越好、价格越便宜越好。而高端客户想要的是节省他们的时间，高效获得想要的结果，不需要太多无用的信息资源干扰，专注解决问题，宁缺毋滥。

因此，我们在营销文案和产品设计上都要注意，如果是面向高端客户，就不需要设计100节课，不需要做永久的社群，也不用担心自己卖得是不是太贵，而应该把精力放在如何为高端客户提供清晰的解决方案，帮助他们快速获得结果。

● 第二个是定位角度。

做个人品牌，我们只需要成为解决某个具体问题的专家，不需要做行业专家，更不需要做业内领袖。

在任何一个细分领域，只要你能够真正帮助别人解决一个问题，你就可以做出自己的高客单价产品。并且你能解决的问题越清晰，你的定位就会越有竞争力。比如，同样教别人如何做销售，有的人会做几百元的销售技巧培训课程，而有的人可以做几千元的电话销售谈单模拟和话术拆解私教服务，还有的人可以直接收费几万元加上提成，帮助客户做一场直播发售活动。不同的定位，意味着解决问题的纬度和难度不同，高客单价产品只需要聚焦解决一个单点问题，帮助客户获得结果就行。

● 第三个是产品角度。

营销产品的时候一定要记住，知识本身是不值钱的，服务才值钱，如果你面向高端客户，你不用着急去做课程，因为高端客户是没有时间和精力去学习大量课程的，他们要的是节省时间，高效出结果。所以设计高客单价产品，可以把时间和精力放在设计个性化的定制服务上，把目标放在提升效率和优化结果上，而不要增加客户行动的难度。

比如，在我的个人品牌私教服务里，我会给每一位客户建立专属学习手册和档案，给每位客户定制学习计划，而不是扔给他们一堆课程去学习。在我的教练课程培训里，我会直接给出完整的潜力优势测评解读的逐字稿示范，让学员照着念也能立刻完成自己的第一场测评咨询个案，降低他们学习的难度。

● **第四个是流量角度。**

高客单价产品的营销，流量在于精准，而不在于数量。如果你定价在1万元，你就不要去月收入低于1万元的人群里找客户，因为他们花一个月的工资购买一款产品的可能性太低。在筛选客户的时候，也不要接受分期付款的客户，因为经济压力会带来精神压力，如果客户贷款来付费你的产品，那么他们就会把你当成拯救者或救命稻草，寄希望于你去改变他们的人生。奢侈品的营销思维是宁愿赚有钱人的零花钱，不要赚穷人的生活费。

● **第五个是营销角度。**

高端客户一定是被你吸引而来的，不是被你推销而来的。对于一人公司创业者而言，当你在追寻和实现目标的过程中散发出自信时，可以用积极的状态影响到周围的人，你自然会吸引来和你同频的高质量客户。个人品牌创业＝专业能力 × 商业能力 × 思维心态，思维认知的提升和内核心态的修炼是我们服务高端用户的基础。一个人只有自己先过好了，自己的能量状态很好，才能真正去帮助他人。

● **第六个是自身角度。**

"物以类聚，人以群分。"只有当我们自己成为高端客户时，才能吸引到高端客户。自省一下，你的付费意愿、学习方式、行为模式是不是高端客户的呢？比如，你是否在学习上愿意花钱投资自己，付费过高客单价的知识产品？你是否在学习上不追求多和久，而是有清晰的目标？你是否学完之后能够输出和行动，而不是一直纠结内耗？你是否有感恩的心，在有成果的时候懂得回馈给予你帮助的同伴或老师，让你的喜悦和能量可以影响到其他人？

做个人品牌创业，你会发现一个神奇的现象，那就是吸引力法则。你吸引来的人，都是和你有共同点的人。所以，**我们要不断修炼自己，成为更好的人，如此才会遇到更好的人。**

这六个角度可以帮助一人公司创业者去深入理解高客单价产品的营销逻辑，从而找到匹配当下的高客单价产品设计方法和定价策略。

4.2.3　四个技巧，轻松搞定销售成交

很多不懂销售的人，在销售成交上有一种错误的心态，就是过于友善、话太多。比如和客户聊家里长短，想要拉近关系，或者客户问一句话，发过去一大串文字语音和产品介绍，显得特别急迫和热情。

靠热情和闲聊的销售方式吸引来的是有很多时间和你唠嗑交朋友的客户，而这样的客户通常不会是高端客户。因为高端客户的时间很宝贵，他没有那么多时间跟你闲聊。而上赶着的销售、放低姿态的销售，往往不会引起高端客户的重视。

我在微信上几乎不和客户闲聊，即便遇到潜在客户来咨询，在了解了对方的需求之后，我会直接把适合他们的产品服务介绍发过去，对方可以直接下单购买。如果是意向购买高客单价产品的客户，但是还有一些犹豫或问题，我会让对方直接填写一份咨询申请问卷，支付 1000 元审核金，然后预约一次咨询，再双向选择。

在高客单价产品的营销上，第一个轻松销售成交的技巧，就是建立审核筛选机制。尤其是知识付费行业，高客单价产品服务追求的客户在于精，而不在于多，这样才能打造一个高质量的客户群体，让一人公司

创业者轻松交付且获得优质的口碑。

比如一些奢侈品店很多产品是限量版，需要提前预订，为什么呢？因为稀缺才珍贵。因为客户付出了努力，才会懂得珍惜。做高客单价产品的销售，要有医生的心态，我们是来帮助客户的，我们给客户诊断问题、开处方，但去不去买药、能不能坚持喝药，那是客户要为自己负责的事情。如果有医生心态，就不会在做销售和交付的时候有太大的压力，也不会上赶着或放低姿态去讨好客户。一人公司创业者的时间和精力是有限的，要花更多时间去帮助真正想要改变的人，而不是拿了处方不买药也不吃药的人。

第二个高客单价产品销售成交的技巧是打造明确的人设定位，要让客户清楚地知道你到底能解决什么问题，有哪个方面的专业能力，以及你的个人形象是否符合你的专业定位。比如，去拍一张专业的形象照、设计一张专业的电子名片或个人说明书的海报等。

还是拿医生来举例，如果你想让别人来找你看病，至少得告诉别人你到底是哪个科的医生吧？你不能说我今天在儿科，明天在心血管科，后天在妇科。这就好比我们的销售宣传个人介绍上，如果你写自己是个人品牌教练、心理咨询师、家庭教育指导师、天赋解读师……客户不会觉得你很"牛"，只会觉得你没有一个精专的领域，看起来你都不知道自己到底要干什么。另外，如果你是一名医生，那么专业的医生形象一定是穿着白大褂的。如果你看到一个穿着背心裤衩，胳膊上还有文身的医生，你能放心让他给你做手术吗？虽然这是一种偏见，但我们很难去改变人们对每种职业的刻板印象，并且我们不需要在做销售的时候去评判这个问题，只需要顺势而为，让自己的形象符合专业定位就行，提升客户的信任感。

第三个销售成交的技巧是打造成功案例。从刚开始做个人品牌创业的时候，就要有意识地积累自己的客户口碑案例，客户的真实案例是产品最好的销售话术。但是，展现成功案例是有技巧的。一般情况下，大多数客户犹豫要不要购买一个产品，是在权衡和纠结以下三个问题：第一，我要花多少时间和努力才能获得结果？第二，这个产品或服务对于我想实现的目标，成功的概率有多大？第三，我购买了这个产品或服务，别人会怎么看我或评价我？

我们要通过成功案例回答以上三个问题，从而打消客户的购买顾虑。比如，在客户案例中突出获得结果所花费的时间，你的产品或服务是如何帮助客户少走弯路、提高实现目标效率的，如此就可以打消客户的第一个顾虑；介绍不同成功案例的不同背景和故事，他们在成长过程中遇到的挫折和你提供的解决方案，让客户感觉到你能够帮助他们及时处理问题，也可以直接给出服务过的客户达成目标的比例，从而让客户对你的产品或服务有信心，打消他们对成功率的顾虑；而筛选优质的客户，设置门槛，打造一个高端的客户圈子，可以让客户付费之后获得一种荣誉感，从而打消第三个顾虑。

第四个销售高客单价产品的技巧是设计公开课。公开课可以帮助我们以最低成本触达潜在的高端用户。有些客户可能在咨询产品之前选择别的途径先去了解，比如先去听听你的公开课、翻一翻你的文章或朋友圈。设计一门公开课，既可以作为引流产品来获取新流量用户，又可以作为信任产品，让潜在的客户通过这门课了解你和你的产品或服务，建立信任。通过在公开课里插入咨询申请内容，让客户听完课程之后想要深入地了解你的产品，就可以预约你的 15 分钟咨询，通过高效快速的沟通进行直接销售转化。

4.3 服务你的高净值优质客户

高客单价产品定位的是高净值的优质客户，**优质客户有三个特征：行动力强、懂得感恩、乐于推荐**。只要我们能够筛选出优质的客户，提供他们满意的产品或服务，那么即便客户数不多，也可以通过高净值客户的优质圈子转介绍来更多的优质客户。因此，提升服务流程和客户满意度非常重要。

4.3.1 三个方法，提高客户满意度

很多创业者在设计产品交付流程的时候总是从自身的角度出发，去想自己有什么专业知识、自己喜欢做什么。想要打造一款让客户满意的高客单价产品，就要从高净值客户的角度出发，客户要什么，就给什么。客户不需要的内容，就算你很喜欢，也要舍弃。

知识付费行业的创业者会遇到一些共性问题，比如课程完播率低、成功案例少，客户事事都来找你、把你当保姆，或者客户获得成果之后不懂得感恩，很少转介绍。出现这些问题的根源，就是在交付过程中不清楚客户究竟需要的是什么。

如果课程完播率低、客户成功案例少，说明设计的产生结果的路径太长了，课程"干货"太多，但听完课无法筛选重点，依然不知道怎么行动，或者行动了没有得到反馈，那么客户自然就没有动力继续行动了。如果客户事事都来找你，天天给你发消息，把你当保姆，那是因为你没有为客户建立清晰的成长路径，他们没有参考的学习指南，只能做一步问一步，客户很迷茫，你也很累。如果客户不懂得感恩、不愿意转介绍，

那么说明在交付过程中没有跟客户建立信任和情感关系，他们觉得交付结束、获得结果，和你的关系就结束了，没必要给你推荐新客户。

低端客户想要以便宜的价格获得更多的东西，而高端客户的需求是节省时间去解决问题，因此不要在交付中给客户一大堆无用的信息或赠品，也许在你看来是提供了更多的价值，实际上会分散客户的注意力，让他们需要耗费更多的时间和精力去筛选你核心的产品价值。有三个有效的方法，可以针对高端客户的特性提高他们的满意度，解决上面提到的三个问题。

第一个方法是帮助客户建立清晰的成长路径，让客户看到你的产品或服务如何一步步地帮助他们实现目标的，这样他们就会更有信心，也更容易行动起来，聚焦在核心的行动计划上去获得结果，成为你的成功案例。比如我会给学员定制学习成长手册，学员报名之后就会收到一份详细的指南。从入学准备到如何进群报到、如何填写档案、如何开通课程和分销权限，每一步都非常清晰。除此之外，我还给学员制定了里程碑式的目标，让每位学员都可以清楚地知道打造个人品牌的具体步骤，完成每一个里程碑式的目标需要哪些行动。

第二个方法是为客户提供落地的解决方案。因为高端客户要的是高效地解决问题，不是一大堆的理论课程。所以，我们要有能力给出简单可行的解决方案，而不是只给理论方法，客户还需要自己摸索学习，这样他们实现目标和获得成果的时间就会非常长。比如在我的教练班里，很多人是教练初学者，觉得教练提问很难，不知道怎样去开启一场教练对话，也不知道怎样去获得自己的第一波种子客户。为了降低学员的操作难度，我直接提供了 10 个可以直接复制使用的工具，包括提问示范、客户信息登记表、朋友圈文案、对话流程等。因此，我们教练班的学员很快就可以开始实践应用教练技术，开发自己的教练服务产品，并且通过朋友圈营销实现教练产品变现。再如，在个人品牌打造的商业辅导里，我们的服务是直接帮客户修改定稿个人故事文案和海报设计，节省不擅长文案和设计的客户产出结果的时间，帮他们直接落地营销视觉物料，这样客户的收获感会非常强，每当他们收到为他们定制的内容和物料时，都会愿意留下好评或转介绍新客户。

第三个方法是为客户提供情绪价值，给予情感支持。这也是我建议一人公司创业者要学习教练技术的原因。教练技术的学习在于锻炼提升倾听、提问、反馈和觉察的能力，简而言之，就是可以提升创业者的共情能力。当你对客户的情感需求有更敏锐地捕捉和洞察，就更容易和客户建立亲密的关系，提升他们的信任和忠诚度。**销售成交只是关系的开始，产品交付才是关系的维护**。高净值客户是非常宝贵的资源，他们现在是你的客户，或许未来是你的合作伙伴，甚至投资人。优质的客户和创业者之间是互相成就的关系，创业者通过产品或服务帮助客户解决问题，而客户通过实现目标为创业者提供优质的案例和口碑，帮助创业者吸引更多的优质客户。人类是情感动物，关注客户作为"人"的特质，如情感需求、价值观、性格特征等，在产品交付的过程中根据特质提供定制化的服务，真正关心他们、理解他们，自然会获得更高的客户满意度。比如，我会给感性的、内向的学员分配擅长私信沟通和鼓励他人的督导教练，让学员可以在学习的过程中得到更多的情感支持。

提高客户的满意度还有很多方法，以上三种是针对高净值客户常用的方法。

4.3.2　三个要素，设计专业交付流程

专业的交付流程是帮助客户实现目标、获得客户好评口碑的关键。

对于高净值客户而言，需要清晰的成长路径和落地的解决方案。而对于一人公司创业者而言，时间和精力有限，要提高交付的效率和可复制性。因此，在交付设计里需要有三个核心要素：标准化流程（SOP）、个性化服务、可视化成果。

很多职场人在创业后还是打工人思维，事事亲力亲为，做完一件事就接着做下一件事，永远有做不完的事情，很难把自己做过的事情复制给其他人去做。打工人思维是"这件事我如何去做？"老板思维是"这件事我如何让其他人来做？"

虽然一人公司创业者既是老板也是员工，一个人要完成所有的事情，但是既然选择了一人公司创业，而不是自由职业，那么就要从一开始有长远规划的可持续发展思维。当自己把业务模式跑通之后，就可以把一些事情复制给其他人去完成，创业者可以把自己的时间和精力花在更重要和核心的事情上。如何才能把事情复制给其他人去做，从而解放创业者的时间呢？一种非常重要的方法就是设计标准化的做事流程。

在创业初期，创始人一定是事事亲力亲为的，当一件事需要重复做的时候，就要开始记录完成这件事的标准化流程（SOP），尤其是产品交付和客户运营上有很多重复的内容，比如客户付款之后的服务流程、老客户交付过程中的私域沟通、复购和升单提醒等，这些动作对不同的客户都是类似的，如果可以有一个标准化的流程，那么任何人都可以按照流程来操作，就可以请其他人来完成这些工作。

创立标准化的交付流程，不仅可以解放创始人的时间，把交付和运营的工作交由其他人去完成，还能确保交付的质量和一致性，提高工作效率和客户口碑。标准化流程要包含清晰的步骤、可直接套用的话术、关键的检验节点。比如，在我的潜力优势教练班产品交付中，我创立了一套督导教练服务学员的标准交付流程，包括学员对接、学习督促、教练督导、口碑积累四个板块，每一个板块都有详细的步骤，督导教练从添加微信如何打招呼、如何和学员约第一次沟通、沟通后如何制订学习计划、每一次督导考核后如何邀请学员写复盘等都可以直接复制流程文档里的文案，并且在关键节点有明确的检验要求，可以衡量交付结果是否达标。虽然我们有不同的督导教练，但是大家都参照这一套标准交付流程来完成，确保了服务的质量和一致性。

需要注意的是，高客单的产品交付很难完全标准化，知识服务产品本身就有非标品的特性，如果想要在交付过程中让客户有超值的体验，就一定要有个性化的服务内容。**标准化的服务流程可以帮助创业者提升交付运营效率、保证交付质量，但个性化的服务才是创造客户口碑的关键**。因此，可以通过建立多对一的小群、提供一对一的指导、定制视觉物料等方式，提供一些个性化的服务，把这些个性化的服务和标准化的交付流程相结合，既能为客户提供清晰和专业的成长路径，又能让他们感受到个性化的服务体验。

高净值的优秀客户是靠吸引而来的，不是推销而来的，因此高客单的产品在流量获客上有一个非常重要的渠道就是靠老客户的转介绍。当人们看见身边的朋友发生改变，自然会被吸引过来，但前提是得让他们"看见"。因此，在交付流程设计里一定要为客户创造可视化的成果，让他们通过展示成果，被他们身边的人"看见"，从而带来转介绍的机会。

除此之外，可视化的成果更容易让客户产生获得感，如果客户的收获停留在口头和感觉上，就很难去衡量，并且人的感受是会随时变化的。比如，你给客户做完一场咨询指导，他当下觉得收获满满，等过了两天就全忘了，没有按照你的咨询指导去行动，也没有任何的成果产出，结果就是你花了时间和精力去服务客户，却没有任何结果产生。长此以往，客户就会觉得你的产品或服务没有效果。

所以在每一次交付的节点，最好能为客户创造可视化的成果，这不仅能把客户的收获具象化，还能作为检验交付结果的衡量标准，每一个可视化的成果展示都标志着一个交付节点的完结，避免客户因为自己不行动、没有结果而反过来投诉你的服务没有效果。比如，在知识付费行业，每一次课程或咨询之后都要求客户留下文字的收获复盘，作为完成这一部分的检验节点，再进行下一阶段的学习。如果你提供的是自媒体行业的陪跑服务，可以把指导客户完成 10 部短视频作为一个检验节点，把 10 部视频都整理到一份文档里附上你的指导建议，这份文档就是一份可视化成果。如果你是一名瑜伽教练或健身教练，可以把客户的身体指标记录作为可视化的成果。如果你是疗愈心理行业的创业者，可以让客户定期写情绪日记，或者将完成练习的打卡记录作为可视化的成果。

总而言之，在高客单价产品的交付设计中，标准化的流程可以确保服务质量、提升服务效率，个性化的服务可以为客户提供超值的体验，更好地支持客户实现目标，积累口碑案例。可视化的成果作为检验标准，可以提升客户的获得感，并且提供可传播的物料素材。有了这三个要素，就可以打造高效、满意度高且提升转介绍率的交付流程。

4.3.3　三种思维，做得更少口碑更好

在高客单价产品的交付中，想获得好的口碑并不意味着要做更多的事情，而要把有限的时间、精力和资源放在能够最快产生效果的关键要

素上，以下三种思维能够帮助创业者做得更少，但口碑更好。

第一是建立边界，设定服务规则。高端客户要的是节省时间和解决问题，所以并不是你提供无限次的私信答疑，客户就会觉得服务很好，而是你能够提供有效的解决方案，才能体现你的专业能力。因此，在一开始就可以签订服务协议，规定服务范围，以及交付的时间等，管理好客户的预期，这不仅有助于客户理解你的服务，也可以避免后期的误解和冲突。比如，我们教练班的服务协议里规定了督导考核期限是三个月，每位学员有三次一对一督导考核的机会，如果想要额外的督导机会，就需要支付额外的费用。

第二是遵循马太效应，打造超级案例。同一位老师教出来的学生有上名牌大学的，也有上不了普通高校的，所谓"师父领进门，修行靠个人"。筛选那些最有潜力、最具影响力的客户作为重点服务对象，给予行动力更强、学习力更强的学员更多的资源支持，把更多的时间和精力放在最有可能获得成果的人身上，让小部分人可以最快实现目标，才能打造出超级案例。通过这些成功案例，可以带动其他学员的行动力和增强学员的信心。

第三是拥抱变化，不断迭代升级。创业环境和客户需求都在不断变化，既然选择了创业，就是选择了一条永远不确定的道路，没有一劳永逸的赚钱方式。创业者需要具备灵活应变的能力，定期评估服务效果和客户反馈，保持学习的心态关注行业动态、向同行学习，不断提升产品交付的创新性，根据市场变化和客户需求快速迭代升级。例如，我的个人品牌打造的商业辅导里最开始的交付是课程和一对一指导，后来增加了 21 天集体训练营，再后来发现 21 天的时间比较长，一些上班的学员很难全勤，于是将其拆解成不同的 7 天行动营，每一次带大家突破一项技能，效果更好了。需要注意的是，根据市场变化和客户需求调整交付，并不意味着增加交付内容，而是聚焦在客户最想要的、解决一个具体问题的结果上，据此去调整最快帮助客户获得结果的方法和路径。

第四是利用社群，营造互助氛围。如果客户一遇到问题就来私信你，那么你的时间就会碎片化。如果没有及时解答客户疑问，还会给客户带来不好的体验。因此，学会利用社群的属性，建立一个客户之间可以互帮互助的社群，激发他们互相讨论和鼓励支持，养成客户在群里提问、集中答疑的习惯，就可以节省很多碎片化的工作量。比如，我的每一位个人品牌商业辅导客户都有一个专属的小群，但是我也会把大家都邀请到一个大群里，每个月在大群发布内部商业私房课和答疑的集体活动，参加集体活动可以获得积分，积分可以兑换一定的奖品，这样就能鼓励客户养成关注社群和参与群内沟通的习惯。

打造高客单价产品，筛选高净值客户，建立标准的服务流程，提供个性化的服务体验，创造可视化的成果，营造集体互帮互助的社群氛围，只要实现了这些，一人公司的交付就可以很轻松，利润空间和客户转介绍率也会有很大的提升。

4.4　高客单价产品持续成交策略

通过前面的步骤打造出高客单价产品，并成功积累了第一批高净值客户之后，就需要让产品持续销售、让客户持续增长，制定一个可以持续变现的策略。

4.4.1　设计标准销售成交流程

前面提到在交付和运营上可以设计标准化的流程，让其他人可以复制去完成工作，其实销售成交也是一样，可以有标准流程，按照销售成交的标准流程，一人公司可以搭建一支合作的销售团队。

想要设计标准销售成交流程，第一步就是分析客户从引流到成交的路径。例如，你的高净值客户都是从什么渠道认识你和了解你的产品的，是通过自媒体、线下活动还是转介绍？在有了客户联系方式之后，客户和你之间发生了哪些有效的互动，最终促成了客户付款成交，是电话沟通、线下面谈还是你为客户提供了解决方案？当你分析了客户从认识你到成交的路径，第二步就可以把路径中的关键步骤罗列出来，通过成功的销售成交案例来提炼有效的具体方法，撰写一份标准的销售成交流程作为参考。

以线上知识付费行业为例。通过向自媒体粉丝赠送公开课，引流客户到微信上，添加微信后向客户发送公开课，在公开课里插入咨询申请。如果客户听完公开课有收获，可以填写申请表获得一次免费咨询机会，然后通过电话咨询完成销售成交。这一路径拆解下来有四个关键步骤：添加微信、学习公开课、电话咨询、销售成交。如图 4-1 所示，四个步骤形成了一个销售成交漏斗。

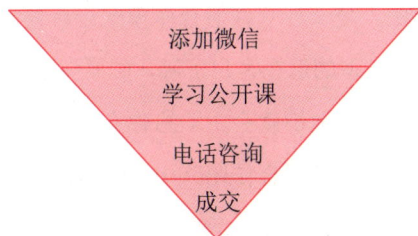

图 4-1　销售成交漏斗

想要让更多的客户在这一销售路径里实现成交，可以根据成功案例来提炼这四个关键步骤里每一步是如何做的、怎样才能提高转化率。比如，添加微信之后，想让客户尽快学习公开课，可以设计课程有效期为 3 天，客户需要在 3 天内完成学习才能获得免费咨询机会，这样就可以通过公开课建立初步信任，筛选真正有意向的客户进行电话咨询。想提高电话咨询的成交率，就要提前设计销售话术和常见顾虑的解除话术。

不同的业务和产品可能销售路径有所不同，但只要拆解出适合自己高客单价产品的销售路径，设计每一步提升转化率的有效动作，就可以建立一套标准化的销售成交流程。

4.4.2　让你的客户成为合伙人

一人公司的创始人既要做产品设计、内容引流，还要做销售成交、交付运营，当客户比较多的时候，如果没有合作团队，就会出现时间、精力不够而无法服务更多客户的情况，那么营收天花板就会很低。前面提到了交付运营和销售成交都可以设计标准化的流程，就是为了便于招募合作伙伴来替代创始人完成工作。合作伙伴从哪里来呢？最优选择就是从客户里找。

把客户变成合伙人是一种双赢的合作模式。首先，每位高净值的客户身边一定有很多同类型的潜在客户资源，如果你帮助客户获得了结果，他们愿意和你合作，那么他们就会主动给你介绍身边的资源。其次，把优秀的老客户招募到你的长期合作团队中，新客户看见你对长期客户关系的维护，会对你的服务更有信心。再次，老客户了解你的产品或服务，也理解客户需求，他们在交付和成交过程中会更容易获得潜在客户的信任。最后，客户通过和你长期合作可以获得你长期的资源支持，更好地帮助自身持续实现自己的目标。

和客户合作可以分为三个板块：引流获客、销售成交、交付运营，要筛选不同优势的客户进行不同板块的合作。

第一种即最简单的合作方式就是引流获客，也就是老客户只需要给你介绍新的客户，给你潜在客户的联系方式，成交之后他们会获得一定的佣金。引流获客的合作方式适用于所有的客户，可以尽早和尽可能多的客户建立这种合作模式，口碑介绍的成功概率要远远大于陌生客户的成交。如果可以通过客户介绍获得源源不断的销售线索，就可以大大降低营销获客的成本。

第二种合作方式是老客户直接加入你的销售团队。如果老客户具备一定的销售能力，能够按照你的标准销售流程去执行，那么他们可以承接销售线索，替你去和潜在客户沟通，完成销售成交后获得成交业绩的分成。这样做的好处是老客户非常理解潜在客户的需求和痛点，并且他们可以把自身获得成功的经验分享给潜在客户，为你的产品服务效果背书，从而提升销售转化率。

第三种合作方式是让做出成绩的老客户替你完成部分交付运营的工作，在知识付费行业常见的就是担任助教。他们经历过你的交付流程，熟悉你的产品或服务，因此可以帮助新客户突破困难，给新手一些指导，从而减轻你的工作量。在其他行业，也可以让客户帮你完成常规的运营工作。比如，在电商行业里你可以和客户合作完成选品、上架、拍摄等固定工作。

我的一人公司里所有的合作伙伴都是从客户中筛选出来的，从客户变成合作伙伴，减少了磨合的时间，也大大降低了从招聘市场上筛选人才和培养人才的成本。

4.4.3　定期开展私域发售活动

私域发售是每个个人创业者都必须具备的技能。在微信商业发展迅猛的互联网时代，无论是实体商家还是线上服务业的创业者，都需要把客户引流到微信生态来进行客户运营和销售。当客户积累到一定的数量，通过一对一的沟通成交效率非常低，因此就需要开展发售活动，进行批量成交。

通常来讲，私域发售有三种形式：社群发售、直播发售、直播和社群联动发售，难度依次递增。

（1）社群发售

社群发售是基础的私域发售形式，主要通过建立微信群，与潜在客户进行集中的互动和推广，最终实现产品或服务的批量销售。这种形式比较简单，可以提前准备社群发售所需要的文案、图片、视频等相关内容，并且客户不需要实时在线，错过发售活动依然可以通过社群内容检索到关键信息。

在社群发售初期，首先需要通过各种渠道吸引潜在客户加入微信群。这些渠道包括公众号文章、朋友圈推广、社交媒体广告、邀请裂变等。在吸引客户入群的过程中，可以设置一些门槛，如填写问卷、分享朋友圈等，这样可以确保入群的成员具有一定的精准度和活跃度。这一步非常关键，因为只有高质量的潜在客户群体，才能保证后续发售活动的成功。

接下来就是发售前的预热阶段。在正式发售前一周左右的时间内，需要在群内进行预热。预热的目的是逐步提升群内成员对产品或服务的兴趣和期待。在这一阶段，可以通过分享与产品有关的"干货"内容、成功案例、客户评价等，不断增强成员的信任感和购买欲。例如，可以每天发布一篇关于产品使用效果的案例分享，或者进行几次问答互动，解答群成员的疑问，逐步拉近与群成员的距离。

发售的具体时间和规则需要提前告知群内成员。设定一个明确的发售时间，并在群内反复提醒，可以制造紧迫感，让成员在心理上为发售活动做好准备。同时，还可以提前公布一些发售优惠活动，如限时优惠、限量优惠等，这样可以在正式发售时有效地促进客户下单。

在发售当天，通过图文、语音、视频等多种形式进行产品或服务的详细介绍，是非常必要的。这一过程中，要详细解说产品的独特优势、使用方法和客户反馈等，同时实时解答群成员的疑问，让他们对产品有全面的了解。为了制造紧迫感和促进成交，可以设置限时优惠或者限量优惠，比如，前 10 名下单的客户可以享受额外的折扣或赠品。这样的策略能够有效刺激客户的购买行为，提升发售活动的效果。

发售活动结束后，售后跟进也是至关重要的一环。要及时跟进客户的反馈和问题，把群内的关键信息私信发给潜在客户，以免他们错过群消息。发售后可以在群内继续互动，解答客户在使用产品过程中遇到的问题，收集他们的反馈和建议。同时，可以鼓励客户在群里分享自己的使用体验和成果，继续吸引这次发售活动中未下单的潜在客户，并且为未来的发售活动积累更多的成功案例和客户评价。

社群发售是一种高效的私域营销手段，通过系统化的引流、预热、发售和跟进，可以实现产品的批量成交。不断优化和提升社群发售的各个环节，将有助于创业者更好地管理客户关系，提升客户满意度，最终实现业务的持续增长。

（2）直播发售

直播发售是通过实时的视频直播与客户进行互动，带动客户在直播间直接下单成交。这种形式能够通过视觉和互动的方式，让客户迅速建立信任感和产生购买意愿，效率比社群发售要高。以下是如何有效开展直播发售的详细介绍。

首先，选择适合自己的直播平台至关重要。常见的直播平台包括微信视频号、抖音、快手、小红书等。不同平台有不同的用户群体和特性，创业者应根据自身产品的定位和目标客户选择合适的平台。比如，微信视频号适合已有一定微信粉丝基础的创业者，而小红书适合女性消费群体。

确定直播平台后，提前宣传是提升直播观看人数的关键一步。通过公众号、朋友圈、社群等渠道，提前宣传直播的时间、内容和亮点，吸引潜在客户预约观看。例如，可以发布预告文章或视频，详细介绍直播内容，如新品发布、使用教程、限时优惠等，并设置预约提醒功能，让客户做好观看准备。

接下来是直播内容的准备阶段。为了确保直播的流畅和吸引力，创业者需要精心准备直播内容，包括产品介绍、使用演示、客户见证等。在产品介绍环节，要详细讲解产品的独特优势和使用方法；在使用演示环节，通过现场演示，让观众直观感受到产品的效果；在客户见证环节，通过邀请真实客户现场连麦分享他们的使用体验，增强观众的信任感。此外，还可以设置一些互动环节，如答疑解惑、抽奖等，提升直播的互动性和观众的参与感。

在直播过程中，互动引导必不可少，积极与观众互动，实时回答他们的问题，通过抽奖等方式提升观众的参与度和购买欲。例如，可以在直播中设置互动环节，观众通过回答问题或参与互动游戏，获得优惠券或赠品，从而激发他们的购买欲。同时，要注意直播的节奏和氛围，确保直播过程轻松愉快，吸引观众持续观看。

引导下单是直播发售的核心环节。在直播过程中，通过限时优惠、限量优惠等方式，直接引导观众在直播间下单购买产品或服务。创业者可以在直播中多次强调优惠活动和购买链接，提醒观众抓紧时间下单。例如，可以设置"前10名下单享受八折优惠"或"直播结束前下单赠送限量礼包"等优惠活动，制造紧迫感和稀缺性，促进观众快速下单。

直播结束后，一定要进行复盘总结。创业者需要对直播数据进行分析，包括观看人数、互动频率、成交数量等，找出成功的关键点和需要改进的地方。同时，还要收集观众的反馈和建议，了解他们的需求和意见，为下一次直播做准备。例如，可以在直播结束后，通过问卷调查或社群互动的方式收集观众的反馈，了解他们对直播内容和形式的满意度，从而不断优化直播策略和内容。

总之，直播发售是一种高效的营销手段，通过实时互动和视觉展示，能够快速让客户产生信任，提升购买意愿。通过精心准备和不断优化直播内容和策略，创业者可以实现高客单价产品的高效成交，提升业务的持续增长。随着直播的兴起，直播发售成为越来越多个人创业者的选择。这种形式结合了教育和销售，创业者可以通过直播的形式向用户传授专业知识或技能，并在直播过程中推介相关产品。

（3）直播和社群联动发售

直播和社群联动发售是一种将直播的实时互动优势与社群的内容沉

淀结合起来的高效营销策略。通过社群预热、直播销售和社群跟进，实现产品或服务的高效批量成交，因此这种方式特别适合高客单价产品的推广。

首先，和社群发售一样，需要提前建立和引流社群，吸引精准的潜在客户。社群建立后，需要进行直播预告和社群预热。这么做的目的是提升群内成员对即将到来的直播活动的关注和期待。在直播预告阶段，可以通过群公告、每日提醒等方式告知新加入社群的成员直播的具体时间、内容和观看方式。同时，预热阶段还可以设置裂变活动，例如，邀请三位好友进群就可以领取一项福利，尽量让活动在预热期吸引更多的人。

在正式的直播环节，可以邀请一位助理在社群内进行关键信息的同步，不断激活社群的人到直播间观看直播，可以让直播现场的实时销售和互动氛围更好。所以，尽可能地在直播期间让社群的人都到直播间，在直播间进行批量成交。每次有人下单，都可以把下单信息同步到社群内，带动社群的销售氛围，让直播间和社群形成联动。

直播结束后，可以总结公布下单的名单，在社群内发起下单抢购接龙活动，让已经下单的客户在群内接龙，并利用限时、限额优惠等再次刺激社群内未下单的潜在客户的购买欲。此外，第二天还可以继续在社群内"追单"，发布一些客户好评、案例等，再进行社群发售。

总之，直播和社群联动发售是最高效的私域发售形式，它将直播和社群两种形式有机结合，形成强大的营销势能。创业者可以在直播前通过社群进行预热，吸引用户观看直播；在直播过程中，可以通过社群进行实时互动和反馈；直播结束后，还可以继续在社群进行产品的推介和销售。

4.5 工具篇：一人公司产品矩阵

一人公司想要实现可持续的盈利，一定要设计自己的产品矩阵，而不是靠单一的产品。不同类型的产品交付形式和营销目标不同，形成的一人公司产品矩阵也不同，可以参考图 4-2。

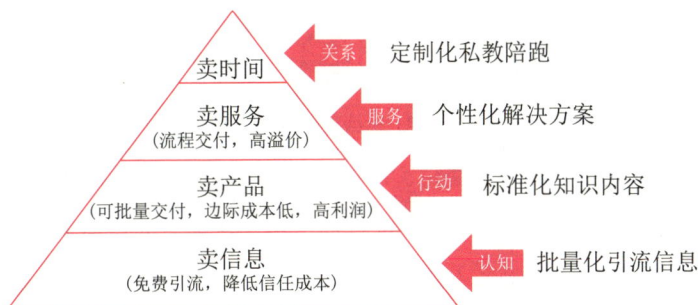

图 4-2　一人公司产品矩阵

在《个人品牌打造：从 0 到 1 低成本创业》这本书里，我分享了个人品牌的产品矩阵为流量产品、信任产品、盈利产品和合作产品。而一人公司的产品矩阵结构又有所升级。

首先，流量获客是所有生意可持续发展的关键。很多人从打造个人品牌到一人公司创业，都是通过分享碎片信息资源来吸引第一批用户，而"卖信息"通常是获取新流量的关键。通过批量化分发信息资源，可以吸引大量的潜在用户，先建立信任和认知的基础，为后续的产品转化做好铺垫。例如，很多海外创业者会推出免费邮件订阅服务，向粉丝定期推送有价值的"干货"和产品信息，国内的创业者会通过公众号、视频号、小红书、抖音等自媒体平台定期进行内容分发，或者自己制作一些付费专栏、电子文档等作为引流产品，这些本质上都是通过卖信息来引流。

知识本身是不值钱的，只有带来行动上的改变才有价值。因此，仅靠卖信息是很难持续赚钱的。我们需要打造自己的标准化知识内容产品，既能够批量交付，还能促进客户行动和改变，有利润空间。这里的产品要满足三个特征：可批量交付、边际成本低、利润高。也就是说，一个人付费和一万个人付费，交付都是差不多的，成本不会因为人数增加太多，除去开支，留下的利润比较高。举个例子，"超级主页"小程序上有一位用户卖写作变现的内容策展，搭配一个陪伴交流社群。单纯的内容策展只是卖信息，很容易被复制或抄袭，没有太强的竞争力，而陪伴交流社群就是一个可批量交付、边际成本低、利润高的标准化产品，同时还可以通过社群交流带动客户的行动。10个人付费入群和100个人付费入群，社群的成本并不会升高，只需要多付出一些沟通和运营成本，这就是标准化的产品思维。

一人公司创业，标准化可批量交付的产品是一个可以快速将流量变现的模式，适用于重心在引流和建立信任的成长期，产品形式可以是社群、课程、训练营等。当积累了一定的基础用户之后，就可以"卖服务"了，提供个性化的解决方案，打造高客单价产品。在这个阶段，产品是可以实现流程化交付的，同时具有品牌的溢价空间。这也是建议大家打造个人品牌的原因。当你有了个人品牌，你的服务类产品就可以有更大的溢价和利润空间，哪怕你和竞争对手卖的服务都是企业咨询，但客户是因为信任你而购买，哪怕你的定价更高，客户也会愿意为你而买单。

最后才是卖时间。时间是每个人最有限也最贵的资源。在个人品牌形成的初期，我们可以通过卖服务——一对一教练咨询，来进行市场调研，在这个过程中我们可以和客户建立信任关系，提升自己的沟通成交能力。当从个人品牌进入一人公司创业时期，就不能再以售卖单位时间为主了，需要打造系统的产品矩阵，在这个产品矩阵里，卖时间应该是最贵的产品，属于定制化的私教服务。

这个产品矩阵不仅适用于线上的知识付费行业，也适用于线下的一些行业。我们来拆解一下线下实体健身房的盈利模式，会发现如出一辙，如图 4-3 所示。

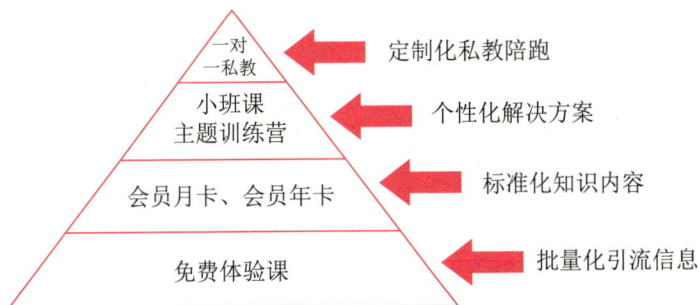

图 4-3　健身房产品矩阵

健身房通常是用免费或低客单的体验课来批量引流，用会员卡作为标准化产品承接流量转化、建立用户信任基础，再通过卖小班课、主题训练营提供个性化的解决方案，打造高客单价产品，最贵的产品就是一对一的健身私教，提供定制化的健身辅导服务。

一人公司的产品设计可以参考以上金字塔模型，设计简单但有效的产品体系，可以让客户一眼就看明白你可以提供的产品或服务，便于潜在客户实现自动转化升单。与此同时，建议每个层级有 1~2 款产品即可。一人公司创业者的时间和精力是有限的，在产品种类上不要贪多，当你把很多时间和精力投入到产品设计和交付上，就没有足够的时间和精力关注引流获客和销售成交方面，而后者才是持续盈利的关键。

第五章

发展期：设计你的私域营销闭环

当一人公司的产品或服务开始获得市场的认可，扩大客户基础和品牌影响力，提升销售转化率便成为发展的重点。第五章聚焦于发展期，将探讨如何通过精准引流和私域营销，深化与目标客户的连接，设计清晰的营销转化路径，提升销售效率。本章提供了一人公司商业营销闭环思路，帮助个人创业者实现业务的持续增长。

5.1 获取源源不断的精准流量

任何生意想获得持续的发展，核心目标就是持续引流获客。在一人公司的发展中，获取源源不断的精准流量是维持生存和保持增长的关键。

5.1.1 理解流量的五大核心要素

流量并不等于营收，能够成交的流量才有价值。想获得精准的流量，就要先理解流量的五大核心要素，正确认识流量。

（1）质量优先

流量不仅是指社交媒体上的粉丝数，如添加到微信上的新增好友数，更重要的是指有明确需求和付费能力的优质客户数，即流量是否由真正对公司产品或服务感兴趣的人组成。精准的流量可以提高转化率，减少营销成本，并增强公司的市场竞争力。对于一人公司而言，核心的产品是个性化的高客单价产品，而高客单价产品的用户定位一定是高质量的用户，有一定的认知水平和消费能力。因此，**流量的质量胜过数量**。理解了质量优先这一要素，就意味着创始人做自媒体的时候，不应太在意粉丝的数量，而要多关注粉丝的质量。例如，小红书平台相比于抖音，更适合知识付费创业者引流获客，因为小红书的用户大多生活在一二线城市，以女性消费群体为主，并且用户使用小红书的目的一般是学习和搜索新的知识，而抖音的用户虽然比小红书要多，但很多生活在四五线城市，他们使用抖音的主要目的是娱乐消遣。

（2）渠道多样

不要只依赖单一渠道获取流量。要探索和测试不同的平台和媒介，从而找到最适合自己产品的流量渠道，设计多渠道营销策略。如果你只有一个流量渠道来源，那么一旦这个渠道无法继续引流，就会导致业务量断崖式下降。在互联网时代，大多数人是通过新媒体平台引流获客，但每一个平台的账号和流量规则都掌握在平台手中，创业者在新媒体平台上的粉丝数是平台的流量，并不等同于自己的真实流量，因为一旦这个账号被封，粉丝都不再和你有关。因此，不仅要打造多渠道的流量获客方式，还要及时把公域流量转化到私域微信上，添加客户的联系方式，最好记录下来。只有当你拥有了一份属于自己的客户清单和联系方式，那才是掌握在你手中的客户资源。

（3）内容为王

在数字化时代，内容营销是引流获客的关键，也是最低成本的营销获客方式之一。无论是博客、视频、播客还是社交媒体帖子，高质量的内容都是吸引目标受众和建立品牌声誉的关键。内容的核心在于它能够提供价值，解决目标客户的问题，满足目标客户的需求，或是激发他们的兴趣和好奇心。因此，创业者不仅要理解自己的目标受众，还要具备创作和传播有价值内容的能力。无论是文案写作，还是演讲表达，都是一人公司创业者必须具备的技能。一个不会写文案的人，无法将自己的品牌故事、愿景理念清晰地传达出去，而一个不会演讲表达的人，更难以在现在这个需要大量与人沟通交流，甚至直播引流的互联网营销体系下生存。

（4）转化清晰

流量本身并不能产生业绩，只有新的流量客户购买了产品或服务，才能创造收益，因此把流量转化为消费者才是关键，这背后需要设计清晰的流量转化路径。例如，很多知识付费行业的创业者，使用小红书引流获客到微信上，然后会赠送一节公开课，听完公开课之后可以获得一次一对一咨询的机会，然后通过咨询来销售转化高客单价产品。这就是一个常用的、非常有效的流量转化路径。一人公司创业者要根据自己的业务设计清晰的营销转化路径。

（5）持续互动

一人公司的成交往往建立在关系的基础之上，因此保持和流量客户的互动和关系的链接非常重要。无论是在新媒体平台上，还是在微信上，能够通过评价和即时消息等方式和客户保持互动，可以及时了解客户需求的变化，收集反馈，并据此优化产品或服务。此外，还可以利用自动化工具定期发送个性化的内容、问候或提醒，或者利用特殊节日和纪念日为客户送上专属祝福，从而增强客户的归属感和忠诚度。同时，针对客户反馈快速响应和提供解决方案，通过持续的、有价值的互动，一人公司可以在客户心中树立起可靠和专业的品牌形象，从而吸引更多的精准流量。

总而言之，要实现精准的流量获取并确保一人公司的持续发展，理解流量的五大核心要素至关重要。首先，质量优先意味着要吸引真正对公司产品或服务感兴趣的目标客户，而不是只追求流量的数量。其次，渠道多样性提醒创业者不应依赖单一的流量来源，要通过多渠道策略分散风险并增加曝光机会。内容为王则强调了创作高质量、有价值内容的重要性，以吸引和维持目标受众的兴趣。转化清晰则是提醒创业者需要设计明确的转化路径，确保流量可以有效转换为消费者。最后，创业者还需要保持和客户粉丝之间的互动，这是建立良好客户关系的关键。这五个要素共同构成了获取和利用流量的基石，帮助一人公司构建稳健的业务增长路径。

5.1.2　精准高净值用户画像梳理

理解了流量的五大核心要素，一人公司创业者在发展阶段需要重点推广和售卖高客单价产品，实现高利润的回报，从而让一人公司的商业模式得到验证。设想一下，如果你的高客单价产品定价是一万元，那么你只需要找到 100 位精准客户，就可以实现一人公司的百万元收入。所以，一人公司百万元营收的关键，就在于找到精准的高净值用户画像。

为了有效地找到并吸引精准的高净值用户，需要进行精准的用户画像梳理。目的是明确最有可能成为品牌忠实支持者并且购买高客单价产品的目标群体的特征。这一过程包含以下几个关键步骤。

（1）数据收集与分析

梳理用户画像之前，需要收集和分析相关数据，包括但不限于社交媒体互动、购买历史、客户反馈和在线行为模式。这些数据可以帮助你了解哪些客户与你的品牌互动最频繁，哪些人经常购买你的产品，哪些人的支付金额最高，以及哪些客户愿意公开支持和推荐你的品牌。

（2）确定用户的共同特征

通过数据分析，你可以识别高净值用户的共同特征。这些特征可能包括年龄、性别、地理位置、职业、兴趣爱好等人口统计信息，以及更为复杂的行为特征，如购买习惯、品牌忠诚度和生活方式偏好。

（3）理解用户的需求和偏好

了解用户的需求和偏好对于制定有效的营销和产品策略至关重要。这需要你深入挖掘用户对产品或服务的具体期待，以及他们对品牌忠诚的深层原因。例如，用户可能特别重视产品质量、客户服务体验或品牌价值观。

（4）制定针对性的策略

基于上述分析，制定一系列策略来吸引和维护这些高净值用户。这可能包括定制化的沟通计划、专属的优惠和福利，以及创建特定的社群空间来增加用户之间的互动和归属感。

以一位自由撰稿人为例，她的高客单价产品是写作私教训练营，之前已经积累了一些公开课的学员和自媒体的粉丝。如何梳理自己的精准用户画像呢？

● **第一步：数据收集与分析。**

自由撰稿人注意到，她的自媒体上最活跃的粉丝群体集中在25~35岁之间，这些人大多是初中级写作爱好者，渴望提高自己的写作技能，以便在职业生涯中取得进一步的发展。他们经常在社交媒体上分享自己的写作成果，寻求反馈和建议。

● **第二步：确定高净值用户的共同特征。**

进一步分析可知，这些用户主要是都市白领，有一定的经济基础，愿意为提升个人技能投资自己。他们对于快速、有针对性的学习资源有很高的需求，尤其是那些能够提供实际操作建议和个性化反馈的服务。

● **第三步：理解用户的需求和偏好。**

通过在线调查和一对一访谈，自由撰稿人了解到这些用户不仅希望提高写作技能，还希望建立一个支持性的社群，与同样热爱写作的人交流心得，相互鼓励和学习。此外，他们也渴望得到专业的指导，以识别和改进自己写作中的不足。

● **第四步：制定针对性的策略。**

基于以上分析，自由撰稿人调整了自己写作私教训练营产品的交付内容和卖点，不仅提供系统的写作技巧训练，还包括每周的实战练习、个性化写作指导和专属社群讨论。为了增加课程的吸引力，她还邀请了几位知名作家和编辑来做讲座，分享他们的写作经验和行业洞察。

通过这种细致入微的用户画像梳理和有针对性的产品设计，这位自由撰稿人成功吸引了一群忠实的用户。这些用户不仅积极参与课程学习，还通过口碑传播帮助自由撰稿人吸引了更多类似背景的写作爱好者。这种策略不仅提升了自由撰稿人的品牌影响力，也显著增加了她的收入。

高净值用户画像梳理是一个持续的过程，随着品牌和市场的发展，这一画像需要不断地调整和优化。通过精确地识别并满足用户的需求，个人创业者可以构建一个坚实的用户基础，为品牌的长期发展奠定基础。

当有了一批高客单价产品的客户之后，可以根据已经付费的高客单价产品客户的信息梳理，定位精准的高净值客户画像。

5.1.3 用数据思维分析流量渠道

形成了精准的高净值用户画像，就要通过各种营销途径去吸引精准用户。在内容营销时代，常见、低成本的营销获客渠道就是通过优质的自媒体内容吸引潜在客户。而制作高质量的内容需要花费大量的时间和精力，如果只是盲目在各个平台发布内容，却没有进行数据分析，不知道发布的内容到底有没有带来精准流量和转化率，那么做再多的内容输出都是白费力气。

运用数据思维来分析流量渠道，意味着要深入挖掘每一个渠道带来的流量质量、转化率和成本效益。这不仅涉及流量的数量，更涉及对流量质量的细致分析。例如，通过跟踪不同渠道引入的流量后续的用户行为，包括用户停留时间、互动频次、转化成交等关键指标，可以有效评估每个渠道的价值和投资回报率（ROI）。

首先，要建立一个简单有效的数据追踪系统。即便是一人公司，也可以通过各种免费或低成本的工具，如 Google Analytics、社交媒体的内置统计工具或者自己用飞书多维度表格制作可视化表格等，来追踪用户的来源、行为和转化。通过定期分析这些数据，可以识别哪些渠道最有效、哪些内容最受欢迎，从而对营销策略进行相应的调整。如图 5-1，是我用飞书多维表格记录的从公域引流到私域的线索渠道分析，可以通过一定时间的数据分析看出有效的渠道来源是转介绍、视频号和公众号，因此未来可以多在这三个渠道上投入时间和精力。

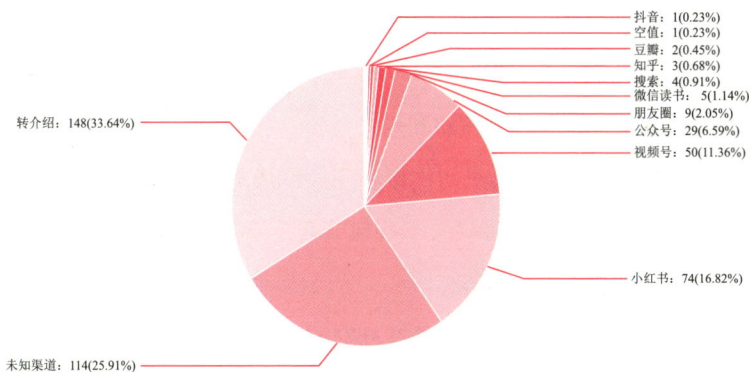

图 5-1　公域引流到私域的渠道分析示范

其次，基于数据进行 A/B 测试。比如，在公众号的内容营销中，可以通过测试不同的标题或内容，看哪一种更能激发用户的兴趣，从而提高打开率和点击率。在小红书的营销中，可以测试不同的帖子发布时间、格式、封面或话题，找出最吸引目标受众的方式。

最后，重视每位客户的生命周期价值（LTV）。通过分析每位客户带来的总收入，并与获取该客户的成本（CAC）进行对比，可以评估不同渠道和营销活动的长期价值。这有助于一人公司合理分配有限的营销预算，优先投资那些能带来高价值客户的渠道。

例如，小红书作为一个强大的内容营销平台，其内置的数据分析工具为创业者提供了丰富的用户行为数据，包括阅读量、点赞数、评论数和转发数等关键指标。如果开通了聚光投放，通过深入分析这些数据，创业者可以准确地定位目标受众，优化调整内容策略，以降低获客成本，获得更高的投资回报率。

一人公司的创业者想学会利用数据分析实现降本增效，需要先知道哪些数据是至关重要的。

（1）用户行为数据。关注用户如何与你的内容互动，包括点击率、阅读时间、页面浏览量、跳出率等。这些数据能帮助你理解用户的喜好和行为模式，从而优化内容策略和用户体验。

（2）转化数据。从用户初次接触到最终成为购买客户的整个转化过程中，分析哪些环节效果最好、哪些环节存在问题。通过分析转化漏斗，找出可以提高转化率的关键点。

（3）用户互动数据。特别是在社交媒体平台上，用户的点赞、评论和转发等行为都是衡量内容受欢迎程度和用户参与度的重要指标。通过这些互动数据，可以了解哪些内容能够激发用户的情感共鸣，进而调整内容发布策略。

（4）流量来源和渠道效果。分析不同流量来源（如直接访问、搜索引擎、社交媒体推荐等）对网站或个人主页的贡献，了解哪些渠道最有效、哪些需要渠道改进或加强。如图 5-2 所示，小红书上会显示每篇笔记和账号的流量来源是关注页面、搜索、个人主页、首页推荐还是其他来源，便于创作者分析内容有没有获得平台的推荐、关键词有没有被平台收录等。

为了更有效地培养数据思维，一人公司的创业者可以采取以下具体行动。

学习数据分析工具。比如，利用小红书、微信公众号、哔哩哔哩等自媒体平台的数据分析，培养和提高自己的数据思维能力。

定期审视数据。设定固定的时间周期，如每周或每月，对收集的数据进行综合分析，以便及时调整策略。

设立具体的目标和关键绩效指标（KPI）。明确自己希望通过数据分析达到的目标，如提升用户留存率、增加转化率等，并根据这些目标设定关键绩效指标。

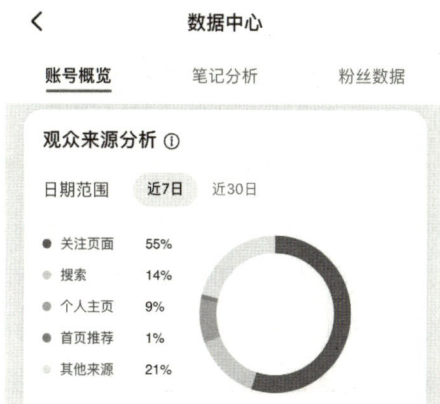

图 5-2 小红书后台数据分析

培养好奇心和批判性思维。在分析数据时，保持对数据背后故事的好奇心，不断提问"为什么"，并试图从不同角度解读数据，寻找潜在的关联和原因。

通过这些方法，一人公司的创业者可以逐步培养和提升自己的数据思维，更有效地利用流量渠道相关的数据来优化自己的商业决策和策略调整，从而提高获取流量的效率。在数字化营销环境中，数据分析不仅能帮助一人公司改进营销策略，更能精准预测未来收入，是创业者必备的技能。

5.2 设计私域营销转化系统

成交，永远是基于信任的。这是所有商品交易的本质。你是否在一个陌生的平台，看到一个完全不认识的人推荐的产品，就毫不犹豫地下单？可能性不大，尤其是高客单价产品。换句话说，越是高价、复杂的产品或服务，越需要深度信任。而这种信任，在公域流量（如抖音、微博等）上是难以建立的。

在数字化营销环境中，公域流量依然不可或缺，它让我们能够以相对低成本、广泛覆盖的方式触达潜在客户。问题是这种流量往往无法建立深度的客户关系。虽然小红书上可以开设薯店，抖音上也可以直播带货，但这些渠道的用户大多停留在表面的了解与试探性购买，客单价低，复购率不高。

私域的本质是通过微信生态、朋友圈、社群和一对一私聊，构建长期、深度的客户关系。私域是信任的温床，是潜在高价值客户的培育场。换句话说，**私域营销系统就是一套从触达、沟通、信任到成交、复购的闭环转化系统**。

5.2.1　私域营销转化地图

在设计了完整的产品矩阵、清晰了用户画像之后，一人公司创业者要给自己画一张私域营销转化地图，如图 5-3 所示。

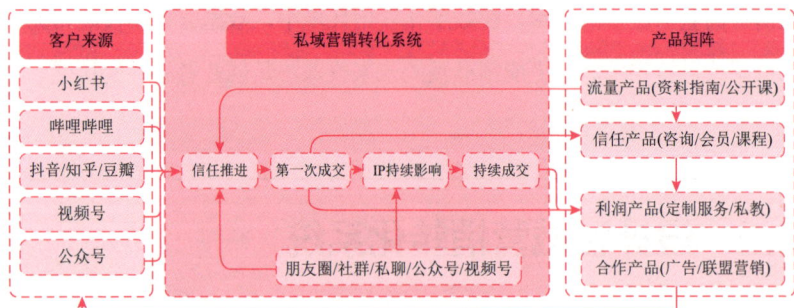

图 5-3　私域营销转化地图

在设计私域转化系统之前，需要明确一件事：你的流量从何而来？每个渠道的流量质量如何？流量转化成潜在客户的成本是多少？举例来说，如果你是一人公司的创业者，你可能需要经过一轮详细的数据分析，列出引流获客最有效的渠道。比如，你可以从公众号、抖音、小红书等平台获取潜在客户，并通过免费的流量产品吸引潜在客户，将这些流量引入你的私域，进入精细化的运营阶段。

当公域流量进入微信生态后，首先需要通过朋友圈的日常分享、社群的互动，或者一对一的深度交流来消除陌生感。这就像一场从零开始的信任积累，持续提供有价值的内容、互动和答疑，逐渐建立信任。此时的关键在于不能急功近利地推销，要通过"价值交换"模式，如发送有用的免费资源、给出独到的行业见解等，让客户感到你能够在特定的领域持续提供独特的价值，从而激发他们的首次成交。

第一次成交往往是对信任的首次验证。这里可以设计一款低门槛的尝试型产品，如低价产品或小额服务，先促成小额交易。通过这种方式，一方面测试客户的需求真实度，另一方面为后续的高客单价产品做铺垫。

成交并非终点，而是私域营销系统的起点。客户第一次成交之后，继续通过深度的沟通、定期的互动和个性化的推荐，挖掘客户的深层次需求。这是建立长线关系、促成高客单价产品的关键。例如，如果客户通过一款低价产品尝试了你的服务，你可以通过后续沟通，了解客户的具体痛点，从而提出高阶的服务解决方案。通过这种信任的累积，私域的转化效率远远高于公域。

除了从公域引流之外，你还可以与有影响力的个人 IP、品牌或行业领袖合作，形成流量共享机制。这种合作不仅能扩大你的流量池，还能通过对方的背书，进一步提升你的品牌信任度。

在公域流量获客越来越难的时代，私域营销和运营变得更加重要，有一句话是**"宁要私域一张床，不要公域一套房"**。公域的粉丝数是自媒体平台的，需要通过平台和潜在客户沟通，还有很多的规则限制，而私域客户是创业者可以无限次触达并进行直接销售的，更容易实现成交转化。如果能够维护好私域客户关系，还可以通过口碑裂变和转介绍，获得源源不断的精准客户。

5.2.2　打造超级客户案例

人类天生有一种"从众心理"。我们更容易相信和追随那些已经验证成功的故事。当潜在客户看到某个与自己需求相似的客户使用你的产品取得成功后，他们会想："如果他能做到，我也可以。"这正是超级客户案例的核心作用——为你提供了最有力的信任背书。

打造超级客户案例是建立品牌信任和吸引更多潜在客户的有效方式。这种方式通过展示产品或服务在实际中的使用效果，让潜在客户看到真实的成功故事，从而增强他们对品牌或产品的信任感。这种信任感是建立品牌忠诚度的关键因素，也是促使潜在客户转变为付费客户的重要因素。

此外，超级客户案例还能突出客户成功的故事，从而激励其他人采取行动。人们往往容易被真实的故事打动，当他们看到其他客户的成功经历，会被激励去尝试同样的产品或服务。通过打造超级客户案例，品牌可以展示其产品或服务的实际效果和价值，从而吸引更多潜在客户的注意力。这种方式比传统的广告宣传更加真实和有说服力，因为它以真实的故事形式展示产品的使用过程和成果。

我们要如何打造超级客户案例呢？

首先，要识别超级客户。识别那些对你的品牌、产品或服务有着极高满意度的客户。这些客户通常是愿意公开分享他们的正面体验的，并且他们有使用经验，对你的产品或服务有深刻的理解。他们可能是行业内的领导者，或者是社交媒体上有影响力的人物，他们的推荐和评价会对潜在客户产生积极影响。

其次，要通过深度访谈了解他们使用产品的初衷、过程体验和最终成果。最好能收集相关的数据和证据支持他们的成功故事，如业绩增长、效率提升、客户满意度提高等。这些数据和证据可以帮助潜在客户直观地理解产品或服务的价值。

再次，要能够把案例制作成可视化的、可传播的内容，搭建自己的案例库。这些数据和资料会成为重要的公司资产。当下，单纯的文字案例已经不能满足大多数用户的需求。你需要将客户案例做成多样化的内容，如短视频、图文案例、海报等，甚至可以请客户进行直播分享他们的成功故事。多种传播方式有助于更好地触达不同圈层的潜在客户。

最后，就是在各种渠道上分享和传播这些超级客户案例，以吸引更多潜在客户的注意。这包括社交媒体、官方网站、博客、新闻稿等。此外，还可以考虑与行业媒体合作，通过媒体平台来传播超级客户案例。随着时间的推移，持续识别新的超级客户，并更新你的案例库。这不仅能展示你产品或服务的持续价值，还能反映你品牌的成长和进步。

总之，打造超级客户案例是建立品牌信任和吸引更多潜在客户的有效方式。通过展示真实的故事、收集数据和证据、制作可视化的内容和分享与传播，可以打造出具有吸引力和说服力的超级客户案例。这将有助于提升品牌形象、帮助我们和客户建立信任关系，并吸引更多潜在客户。

在打造超级客户案例的过程中，需要注意以下几点。

真实性与客观性。所有数据和案例故事必须真实，否则一旦被揭穿，不仅会失去客户，品牌信誉也将受损。

以客户体验为核心。通过客户的口吻来讲述故事，真实的感受往往比你的产品描述更加有说服力。

问题与解决方案的凸显。超级客户案例的核心是问题的解决过程，展示你的产品是如何帮助客户克服困难的。

持续更新案例库。随着时间的推移，不断添加新的客户成功案例，丰富你的品牌故事库，展示你服务的广度与深度。

5.2.3　用交付驱动营销

在商业领域中，销售只是起点，真正的战场在交付。客户决定购买你的产品或服务时，交易的本质是基于信任的承诺：客户相信你能够兑现他们的期望，解决他们的问题。而交付是你兑现承诺的过程。实际上，**客户的长远忠诚度并不取决于你的产品卖得有多好，而取决于你的交付有多超预期**。

在现代商业环境中，公域流量获取成本日益攀升，营销的重心正从"以流量为导向"转向"以信任为基础"。而私域，正是信任的最佳发酵池。私域的本质是深度信任与长期关系的建立。当你的交付不仅能满足客户需求，还能超过他们的预期时，他们将自发成为你的"品牌代言人"，将他们的私域网络变成你品牌的扩展领域，进而形成一种"客户裂变"现象。**用交付驱动营销，可以将客户的私域变成你的公域**。

如何用交付驱动营销呢？

一要有超预期的交付，制造"惊喜时刻"。没有人会为了差劲的产品或服务去推荐，绝大多数的推荐是基于"惊喜感"。客户通过使用你的产品或服务，获得了比预期更多的结果或体验，他们会忍不住分享这份体验。高质量的交付就是那个点燃推荐意愿的火花。当客户感到"超值"，他们会愿意将你的产品推荐给他们的朋友、同事、家庭成员，甚至社交媒体上的粉丝。例如，你可以在客户生日时寄送一份小礼物，在他们遇到特殊场合时送出一张祝福卡片等，打造客户感知上的"惊喜时刻"。

二要建立深度的信任和长期关系。信任是裂变的基础，客户愿意将他们的朋友圈、社交圈甚至社群资源推荐给你，前提是他们对你的品牌有了足够的信任，这也是打造个人品牌的重要性。每个客户的社交圈都是一个潜在的私域生态。当你的交付成功赢得了客户的信任，客户自然会将你的品牌扩散到自己的社交网络中。这些潜在客户往往是基于信任链条，具有极高的转化率，私域裂变的本质就是借助客户在其社交圈中的信任和话语权，将他们的私域变成你的精准流量池。

此外，想要获得客户的主动推荐，还需要主动引导和激励。即使你的服务带给客户的体验非常好，如果没有主动引导和激励，客户的裂变行为也可能不会自发发生。因此，你需要建立一套有效的裂变激励机制，鼓励客户分享他们的体验，并将他们的私域资源转化为你的品牌曝光机会。比如，设计推荐奖励机制，我会引导客户分享我的品牌内容到朋友圈，获得积分，积分又可以兑换其他额外的服务。再如，可以通过"社交货币"来驱动客户参与和分享有价值的内容，获得个人社交上的"谈资"。我之前举办过一次"100种女性的人生活法"主题直播，邀请客户和我连麦一起分享她们的成长故事，她们也很乐意参与和分享这个活动，这就是利用"社交货币"进行私域传播。

还有更有效的方式，就是把私域裂变直接融入交付环节。例如，我在设计个人品牌实操营和高客单价产品行动营的时候，会在最后设计一个商业路演活动，带学员通过社群和直播进行一次集体的私域发售，既可以让学员之间实现私域流量互换、借势营销，还可以通过这一集体私域营销活动提升我的平台影响力，让学员们的私域好友也能通过关注他们的商业路演从而了解我的平台。

在当今流量获取的成本越来越高、产品同质化越来越严重、客户对产品的要求越来越挑剔的商业环境下，依靠传统的公域广告投放已不足以应对市场的挑战。交付驱动营销提供了一个更加长远且可持续增长的路径。通过提供超预期的交付体验，激发客户自发裂变，将客户的私域资源转化为你品牌的公域流量，不仅有效降低了营销成本，还能帮助我们和客户建立长期的、牢固的信任关系。

5.3 掌握教练式销售成交技巧

在私域营销过程中，一对一的沟通销售是常见的高客单价产品成交路径。销售是所有个人创业者必备的技能，而教练式销售是一种更高级的销售方式。掌握教练式销售技巧，可以帮助你更好地通过一对一沟通与客户建立联系，理解客户需求，并提供定制化的解决方案，从而实现高客单价产品的销售转化。**教练式销售不仅是一种销售技巧，更是一门与客户建立长期信任关系的艺术。**

5.3.1 什么是教练式销售

教练式销售，区别于传统的推销方式，它强调的是通过倾听、提问、反馈等方式引导客户发现问题并找到解决之道，而非直接提供产品或服务作为解决方案。教练式销售是一种高度互动和个性化的销售方法，它要求个人创业者不仅具备专业知识和技能，还需要掌握特定的沟通技巧。这种方法的核心在于通过深度沟通，揭示客户的真实需求和痛点，从而提供最合适的解决方案。

在教练式销售中，个人创业者需要掌握一些关键的技巧。

首先，需要学会如何有效地提问，从而引导客户表达出他们的需求和痛点。有效的提问不仅能够引导客户开放地表达自己，还能深入到客户的真实需求和潜在问题中。这要求个人创业者不是停留在表面的问题上，而是通过层层深入的问题，引导客户自我发现和自我反思。例如，可以从一般性问题逐步深入到具体情况，使用"为什么""如何"等开放式问题，鼓励客户深入思考并分享更多细节。例如，可以问："您目前面临的最大挑战是什么？""您希望实现什么样的目标？"

其次，个人创业者需要学会如何倾听，以便更好地理解客户的需求。有效的倾听不仅包括对客户言语的聆听，更重要的是对客户非言语信息的捕捉，如语气、表情和身体语言等。这种倾听是主动的和全面的，需要个人创业者全神贯注，并展现出真正的关心和理解。例如，可以采用3F倾听法（Fact 即事实、Feel 即感受、Focus 即聚焦），先倾听客户所描述的客观事实，再观察客户在描述过程中的情绪表达，然后引导客户聚焦在一个关键的需求痛点上。此外，展现同理心是倾听的重要组成部分，通过共情连接可以建立深层次的信任和理解，使客户感到被尊重和理解。在这一点上，可以给予客户一些积极的认可和反馈，例如，"我听到你的经历，感受到你是一个很努力在追求目标的人"。

最后，教练式销售中非常关键的一环是提供解决方案。提供解决方案时，个人创业者需要基于对客户的深入了解，结合自身的专业知识和经验，为客户提供定制化解决方案。这要求个人创业者具有较强的问题分析和解决能力，能够从客户的角度出发，思考最适合客户的解决策略，能够"降维打击"，打破客户的固有认知。在这一环节就需要显示专业度了。如果个人创业者可以给客户提供让他们眼前一亮的解决方案或从未想到的思路，他们极有可能立刻下单购买个人创业者的产品或服务。而如果你提供的方案是客户之前就已知的信息和内容，那么对方可能觉得你的水平一般而不会购买你的产品或服务。

除了以上技巧，有效的沟通技巧也对教练式销售至关重要。有效的沟通技巧包括但不限于清晰表达、有效反馈、积极倾听和适时的鼓励。个人创业者需要学会如何在沟通中保持积极正面的态度，如何通过言语和非言语手段增强信息的传递效果。此外，沟通过程中的适时鼓励和正面反馈也非常重要，可以增强客户的自信心和动力，促进销售过程的顺利进行。

在实际操作中，个人创业者可以采用一些具体的教练式销售方法来提高销售效果。例如，前面提到的 GROW 模型和教练的六步流程。

总而言之，教练式销售要求个人创业者具备一套综合技能，包括但不限于提问、倾听、解决问题和沟通。通过这些技巧的有效运用，可以更好地理解和满足客户需求，建立稳固的客户关系，最终实现销售目标。这不仅是一种销售策略，更是一种促进个人成长和提升客户价值的方法。

5.3.2　教练式销售的痛点七问

深度解析客户痛点问题的过程，实质上是一种心理上的触动和情感上的共鸣，能够极大地影响客户的决策过程，从而提高了他们立刻下单的可能性。

首先，深入的痛点探讨可以帮助客户清楚地认识到他们所面临的问题，这种觉醒往往是他们决定寻求解决方案的第一步。很多时候，客户对自己的真实需求并不完全了解，或者对问题的严重性缺乏足够的认识。通过引导客户明确地表达他们遇到的问题和面临的挑战，实际上是帮助客户认识到问题的存在和解决这些问题的必要性，从而增强了他们采取行动的紧迫感。

其次，这种深度对话有助于形成强大的情感共鸣和信任。倾听和理解客户的过程就是一种强有力的情感联结，它使客户感受到被尊重和理解。当客户感觉到你真正关心他们的问题，并致力于提供帮助时，这种信任感会促使他们更愿意接受你推荐的解决方案。

再次，通过探讨问题未解决可能带来的后果，加深客户对问题严重性的理解。人类有趋利避害的本性，当客户意识到不采取行动可能导致严重的负面后果时，他们的购买动力会显著增强。这种方法有效地激发了客户的行动意愿，因为他们不仅意识到了问题，也意识到不解决问题的代价。

客户在回答这些问题的时候，实际上经历了一次自我说服的过程。他们不仅对自己的需求有了清晰的认识，也对解决方案产生了强烈的欲望。自我说服是一种强大的内在动力，能够显著提高客户采取购买行动的可能性。

最后，提供定制化解决方案的可能性大大增加了客户的购买意愿。深入了解客户痛点后，个人创业者能够提供精准匹配客户需求的解决方案。这种高度个性化的服务不仅满足了客户的具体需求，也让客户感受到了自己的独特性和重要性。定制化解决方案的提供，不仅是对客户问题的有效回应，也是对客户个性和需求的尊重。

以下七个部分的问题设计，旨在深入挖掘客户的真实问题和需求，帮助客户认识到问题的严重性，从而激发改变的欲望和行动。

（1）目前主要遇到什么问题

这一阶段的目标是明确客户当前面对的具体问题。通过开放式的提问，让客户描述他们正在经历的挑战，将对话引导至你的服务或产品能够提供帮助的范畴内。这不仅有助于了解客户情况，也为后续的沟通奠定基础。

（2）问题持续了多长时间

了解问题存在的时长有助于评估问题的严重性和客户承受的压力。这一信息能够为后续加深客户的痛感和迫切感做准备，同时也让客户意识到问题的长期影响。

（3）什么样的事情让你意识到问题的存在

通过引导客户回顾和分享他们意识到问题存在的关键事件，可以帮助客户和个人创业者更清晰地了解问题的根源和触发点。这有助于引发情感共鸣，同时让问题的描述更加具体和生动。

（4）尝试做过哪些努力改变现状

让客户分享他们之前尝试解决问题的方法和行动，不仅能展现客户的积极性，也能让客户意识到这些尝试的局限性。这一过程有助于展示新的解决方案的必要性和价值。个人创业者可以在这部分实现"降维打击"，为客户提供更加有效的解决方案。

（5）按目前状况发展下去，未来会产生什么结果

暴露痛点场景是教练式销售的重要环节，引导客户思考问题未得到解决时的潜在后果，能加深他们对问题严重性的理解。通过描述可能的负面结果，增强客户解决问题的紧迫感。

（6）面对这样的结果，你的感受是什么

询问客户对潜在后果的感受，旨在让客户在情感层面上体会到问题的严重性。这种情感上的体验有助于激发客户采取行动。

（7）现状是可以忍受还是一定要改变

最后是让客户做出承诺，决定是否采取行动解决问题。这一步是促使客户自我说服、确认改变的必要性和坚定采取行动的决心。

通过这一系列深入而具体的问题，教练式销售不仅能帮助个人创业者全面地理解客户的痛点和需求，也能促进客户自我反思和认识到采取行动的必要性。这种方法有助于建立深层次的信任关系，并提高解决方案的接受度和销售的成功率。

5.3.3　教练式销售成交的关键

在教练式销售过程中，成交的关键不仅有销售技巧的运用，更依赖与客户建立深层次的信任关系以及真正理解并满足客户的需求。以下是教练式销售成交的几项关键因素。

（1）真正理解客户需求

在教练式销售中，深入理解客户的需求是促成交易的首要步骤。这一过程不仅是收集客户的基本信息和表面需求，更重要的是挖掘客户的深层需求、期望和潜在的问题。为了达到这一目标，个人创业者需要运用有效的提问技巧，通过开放式问题鼓励客户分享自己的想法和感受。

有效的提问应避免简单的"是"或"否"回答，而应该引导客户进行深入的反思和讨论。例如，不是问"你对我们的产品满意吗？"不妨问"我们的产品在哪些方面能更好地满足你的需求？"这样的问题有助于让客户分享更多的信息。

倾听是理解客户需求的另一关键。"倾听"不仅是物理上的听，更是心理上的倾听，即带着同理心去倾听。个人创业者需要展现出真正的兴趣和关心，通过客户的言语去捕捉他们的真实感受和未言之需。

理解客户需求的过程也是一个建立信任的过程。当客户感觉到个人创业者是在努力理解他们而非推销产品时，他们更愿意敞开心扉分享自己的真实需求和产品使用感受。通过建立这种信任关系，个人创业者可以有效地提供符合客户需求的解决方案，从而提高成交率。

（2）建立信任

信任的构建始于个人创业者展现对客户的真实关心和了解，进而通过专业知识的共享、一致性的行为和提供个性化解决方案来加深这一关系。当个人创业者展现出对客户需求的深刻理解并提供相应的帮助时，客户便开始有了信任感。这种信任感不是一下子就形成的，而是通过每一次的互动、每一个解决方案的提出，以及每一次期望的满足逐渐积累起来的。

个人创业者在与客户的沟通中展现出真正的兴趣，不只关注交易的完成，更关心客户的需求和面临的挑战。通过倾听客户的声音，理解客户的情况，个人创业者不仅传递出专业性，更传递出对客户的关怀。这种深层次的关心能够让客户感受到与众不同，从而敞开心扉，分享更多个人的需求和期望。

展现专业知识是建立信任的另一个关键。客户往往寻求那些能够提供明确解决方案、有能力解决问题的专业人士。个人创业者通过分享相关的知识、案例研究或行业见解，可以帮助客户更好地理解问题，并展示出解决问题的能力。当客户认为个人创业者有足够的专业性来帮助自己解决问题时，无形中便开始信任对方。

一致性和可靠性的展现对于维持和加深这份信任至关重要。个人创业者通过履行承诺、准时完成约定的任务，展现出对客户承诺的尊重和重视。这种可靠的行为模式让客户相信个人创业者是值得信赖的，个人创业者提供的解决方案是经得起考验的。

提供个性化解决方案则可以加深客户对产品或服务的信任。每个客户的需求都是独一无二的，通过为客户量身定制解决方案，个人创业者展现出对客户独特需求的理解和尊重。这不仅能够精准地解决客户问题，也能让客户感受到自己的重要性，从而进一步加深信任感。

通过这一系列的努力，个人创业者与客户之间建立的不仅是交易关系，更是基于理解、尊重和信任的合作伙伴关系。这种深层次的信任关系是教练式销售成功的关键，也是持续合作关系形成的基础。

（3）提供价值而非推销产品

教练式销售的精髓在于提供价值，而不是单纯地推销产品或服务。因为客户购买的不仅是产品或服务，更是产品或服务所带来的价值和解决方案。个人创业者通过深入了解客户的需求、痛点以及他们所追求的目标，精准地提供满足这些需求的解决方案，而不是简单地推介产品特性或服务内容。这种以客户为中心的方法使得销售过程变得更加个性化和有针对性，能够真正解决客户的问题。

在这个过程中，个人创业者扮演的角色更像顾问或合作伙伴。个人创业者利用自己的专业知识和经验，帮助客户识别问题，并提出有效的解决方案。这种互动不仅增加了客户对解决方案的认同感，也加深了客户对个人创业者及其品牌的信任。**当客户意识到个人创业者真正关心自己的需求，并致力于提供真正有价值的帮助时，客户更愿意采纳建议并最终做出购买决定。**

提供价值的过程也涉及教育客户，帮助客户理解他所面临的问题以及为什么提供的解决方案是最佳选择。这种教育不仅是关于产品或服务的知识传递，更是关于如何使客户的生活或工作更加美好的洞察分享。通过这种方式，个人创业者能够帮助客户开阔视野，理解采用特定解决方案所带来的长期价值。

总而言之，教练式销售中的价值提供，是一门深度与客户沟通的艺术，它要求销售人员不仅传递产品信息，更通过理解、同情和满足客户的真实需求来建立持久的客户关系。这种以价值为核心的销售方法，最终会促进销售成功，同时令客户和个人创业者之间建立起基于信任和尊重的长期合作关系。

（4）引导而非强迫

教练式销售的魅力在于引导客户做出最适合自己的决策，而非采用高压策略强迫客户购买产品或服务。这种方法需要个人创业者认识到每位客户的需求、期望和购买动机都是独特的，因此在销售过程中，个人创业者的角色转变为指导者或顾问，帮助客户探索自己的需求，从而做出最有利于自己的选择。这种引导是基于深入的对话和共鸣，而非单向的说服或推销。

引导而非强迫的核心在于提供足够的信息和支持，让客户感到自己是在做出自主的选择。个人创业者通过提问和倾听，帮助客户明确自己真正的需求和面临的挑战，同时展现出不同的解决方案和可能的结果。在这个过程中，客户能够深入思考自己的情况，并基于自身的需求和情况做出决策，而不是被个人创业者的观点左右。

此外，**引导而非强迫也意味着尊重客户的选择权和决策权**。不是所有的客户都会在第一时间做出购买决定，有时他们需要时间来考虑、比较和权衡。在这个阶段，个人创业者应保持耐心，提供必要的信息和帮助，而不是施加压力。通过提供支持和理解，可以增强客户的信任感，即使客户最终决定不购买产品或服务，这种正面的互动也可能在将来转化为销售机会。

引导式的销售方法还包括鼓励客户自我发现，帮助客户识别自己未曾意识到的需求或解决方案。通过教育客户，个人创业者可以帮助客户更好地理解市场上的不同选项，以及这些选项如何满足他们的需求。这种教育过程还帮助客户做出明智的购买决策，同时也奠定了个人创业者作为可信赖资源的地位。

总之，通过引导而非强迫的方法，教练式销售能够更好地满足客户的个性化需求，同时有助于个人创业者和客户建立长期的信任和合作关系。这种以客户为中心的销售方法不仅能促进销售的成功，还能提高客户的满意度和忠诚度，为一人公司的可持续发展奠定坚实的基础。

（5）长期主义视角

采用长期主义视角在教练式销售中是至关重要的，它超越了短期交易的局限，专注于建立和维护持久的客户关系。这种策略认识到真正的成功不仅体现在即时的销售成果上，更体现在与客户之间长期信任和忠诚度的培养上。现在是一个获取新流量越来越困难的时代，在存量市场，**长期主义视角的核心在于把每一次销售都看作客户关系旅程中的一步，而非终点，从而可以提升终身价值。**

在实践中，采用长期主义视角意味着个人创业者在交易完成后仍然关注客户的满意度和后续需求。这包括定期回访客户，以确保客户对购买的产品或服务感到满意，提供必要的支持和服务来解决他们可能遇到的问题。这种持续性关注不仅展现了个人创业者对客户的真正关心，也增强了客户的信任感，使他们更有可能在未来重复购买或推荐他人购买个人创业者的产品或服务。

采用长期主义视角还意味着持续教育和为客户提供价值。个人创业者可以通过分享行业趋势、新技术或使用技巧等相关信息，帮助客户更好地利用所购买的产品或服务。这种教育不仅有助于提升客户的满意度和忠诚度，也为个人创业者在未来提供新产品或服务打下了良好的基础。

此外，长期主义视角还强调了建立积极、互惠的合作关系。这种关系基于相互尊重和价值的交换，而不是交易的完成。通过与客户建立积极、互惠的合作关系，个人创业者可以更深入地了解客户的业务和面临的挑战，从而在未来提供更加精准和有价值的解决方案。

综上所述，教练式销售成交的关键在于深入理解客户需求，建立信任关系，提供真正的价值，以及采用引导式的销售方法。通过这些策略，个人创业者可以更有效地与客户进行沟通，满足客户的需求，从而促成销售。

5.4 构建长期的客户关系

在存量时代，构建并维持长期的客户关系是一人公司实现持续发展的关键。特别是对于个人创业者和一人公司而言，每一位客户都极为宝贵，能否将短暂的交易转变为长期的合作，直接关系到一人公司的生存和发展。在前面的章节中，我们讨论了如何通过教练式销售方法理解和满足客户的即时需求。然而，销售上的成功只是开始，真正的挑战在于如何通过持续的努力，将这一时的成功转化为长期的忠诚和信任。

长期客户关系的构建不仅能为一人公司带来稳定的收入流，还能在市场中建立强大的品牌忠诚度。这种深层次的客户关系，基于相互理解、尊重和价值的共享，让客户感受到自己不只是交易的一方，更是一人公司成长道路上的伙伴。这种关系的建立，需要一人公司创业者不断提供超出客户期望的价值，同时也需要在关系管理上下功夫，确保每次交互都能增强客户的信任和满意度。

5.4.1　客户服务的三个关键

在构建长期客户关系的过程中，优质的客户服务不仅是一种策略，更是塑造企业核心竞争力的关键因素。特别是对于个人创业者和一人公司而言，虽然可能没有大企业的资源优势，但可以通过提供个性化和高度关注的客户服务来弥补这一差距。卓越的客户服务能够直接影响客户的体验，将每一次交互转化为加深客户信任和满意度的机会，这种积极的客户体验是建立长期关系的基石。

对于一人公司而言，客户服务不仅要执行基本的职能，还要体现出一人公司的独特性。以下是一人公司经营中客户服务的三个关键要素，以及一人公司与传统企业在客户服务上的一些不同之处。

（1）高度个性化的服务

在一人公司的客户服务体系中，高度个性化的服务不仅是一种优势，更是其生存和发展的核心。相较于大型企业可能提供的标准化服务，一人公司能够深入了解每一位客户的具体需求和偏好，从而提供精准和个性化的解决方案。这种服务方式在当今快速发展且竞争激烈的商业环境中，对于建立长期客户关系、提升客户满意度和忠诚度以及形成口碑传播至关重要。

个性化服务的重要性体现在以下几个方面。首先，个性化服务能够让客户感受到被重视和尊敬，因为服务不再是冷冰冰的交易，而是基于深入了解而提供的贴心体验。这种体验能够有效增强客户的满意度，甚至在客户心中留下深刻的印象，促使其转化为品牌的忠实拥护者。其次，个性化服务能够让一人公司在激烈的市场竞争中脱颖而出，尤其是面对那些提供标准化服务的大型企业时，个性化服务成为一人公司的独特卖点。最后，通过提供个性化服务，一人公司能够准确地满足客户需求，减少资源浪费，提高运营效率和盈利能力。

要落地高度个性化的服务，一人公司可以采取以下几个步骤。首先，通过客户调研，如问卷或者一对一访谈，深入了解客户的背景和需求，建立专属的客户档案。其次，基于客户的具体需求提供定制化服务方案，将服务方案和档案一起呈现给客户。最后，在交付过程中还可以根据项目进度持续保持方案的更新，利用客户关系管理（CRM）系统记录客户的偏好和历史交易数据，以便在未来的服务中提供更加精准的个性化体验。除此之外，还可以建立反馈机制，根据客户的反馈不断优化服务内容。

总之，高度个性化的服务是一人公司一项重要的策略，可以给客户创造独一无二的体验感，提升客户的满意度和忠诚度，还能帮助一人公司在竞争中占据有利地位。通过深入了解客户需求，提供定制化的解决方案，以及不断优化服务体验，一人公司可以有效实现个性化服务的落地，从而在市场中站稳脚跟。

（2）直接且及时的沟通

在一人公司中，直接且及时的沟通是构建和维护客户关系的关键。与大型企业相比，一人公司的规模虽小，但这恰恰成为其优势所在——能够实现与客户的直接对话，无须经过烦琐的层级或部门转接，从而大大提升沟通的效率和效果。这种沟通方式不仅有助于一人公司创业者迅速响应客户的需求和反馈，还能在客户心中树立灵活、高效的个人品牌形象。例如，一家英语培训机构的学生通常在下课后就很难再找到老师进行沟通和答疑，而一位提供线上一对一英语培训的独立教师可以和学生随时随地保持联系和沟通，及时处理学生遇到的难题。

直接且及时的沟通的重要性首先体现在快速解决客户问题上。在客户遇到问题时，能够得到快速的回应和获得有效的解决方案，是提升客户满意度的关键。一人公司可以通过即时通信软件、社交媒体平台、电子邮件等多种渠道，与客户保持即时沟通，确保客户问题能够在最短时间内得到有效处理。此外，直接且及时的沟通还有助于深化客户关系。通过长期深入的交流，一人公司创业者可以更好地了解客户的需求和期望，与客户建立更亲密的关系，从而在未来的服务中提供更加贴合客户需求的解决方案，提高复购率和转介绍率。

一人公司创业者的时间非常宝贵，当客户越来越多的时候，如果所有的客户都通过即时通信软件（如微信）与创业者进行沟通，那么每天回复客户消息就要占据大量的时间，这样一人公司创业者的时间就会碎片化，无法集中注意力做其他事。因此，建立和客户的沟通体系非常重要，提前告知客户不同的沟通渠道处理不同类型的问题，在线即时沟通的时间段也可以提前设置好。例如，告知客户可以随时私信你，但你会统一在工作日上午 8~12 点回复私信消息，如果遇到复杂的问题，需要提前

24 小时预约会议进行沟通或者通过电子邮件沟通。这样既可以满足及时处理客户问题的需求，又可以高效率地管理自己的时间。

在沟通过程中，对于客户遇到的普遍问题，可以建立一个话术库。把这些经常会遇到的问题放到话术库里，你的话术库将成为宝贵的品牌资产。如果你熟练使用 AI，就可以将话术库的问答内容提交给 AI，训练自己的知识库大模型，从而创建一个适用于自己公司业务的 AI 客服。但是，一人公司的创业者在与客户沟通的时候，不要过于依赖标准话术，而应该展现出真诚和关怀，用个性化的语言和态度与客户进行互动，让客户感受到与自己互动的是一个真实且可靠的人，而不是一个冰冷的品牌。

（3）教育和赋能客户

教育客户意味着将公司的发展迭代信息同步给客户，不断给客户带来新的价值和资源的同时，让他们可以见证公司的飞速成长；而赋能客户意味着给客户提供情绪价值，让他们在公司提供的服务体验中获得更大的能量和行动力。

通过教育客户，一人公司可以帮助客户更好地理解产品或服务的价值，跟随公司一起成长，有效利用这些产品或服务来解决其问题或改善生活。同时，通过赋能，一人公司能够提升客户的自主能力，使其在未来遇到相似问题时可以自行解决。这种能力的提升不仅能增强客户对一人公司的信任和依赖，还能促进口碑的传播，吸引更多新客户。

教育和赋能客户的重要性体现在以下几个方面。首先，教育和赋能客户有助于客户正确理解产品或服务，避免误解导致不满或失望。其次，通过教育和赋能，客户能够更深入地了解一人公司的核心价值和专业能力，从而增强品牌忠诚度。最后，教育和赋能可以提升客户的参与感和归属感，使客户感觉到自己是一人公司价值创造过程的一部分，从而更愿意与一人公司建立长期合作关系。

实现客户教育和赋能的具体步骤如下。首先，提供丰富的教育资源。一人公司可以通过博客文章、视频教程、在线研讨会等形式，分享专业知识和行业洞察，帮助客户提升对相关领域的理解。其次，定期举办培训和工作坊。通过组织面向客户的培训和工作坊，不仅能够帮助客户更好地利用产品或服务，还能在互动中深化客户关系。最后，提供个性化的咨询和建议。针对客户的具体需求和问题，一人公司可以提供一对一的咨询服务，帮助客户找到最适合自己的解决方案。

总之，教育和赋能客户是一人公司在客户服务中不可或缺的一环。通过提供丰富的教育资源、定期举办培训和工作坊以及提供个性化咨询，一人公司不仅能够帮助客户更好地理解和利用产品或服务，还能提升客户的自主能力，增强客户的品牌忠诚度和满意度，从而在竞争中占据有利地位。

5.4.2　筛选适合合作的客户

将客户变成合伙人特别适用于一人公司这样的小型企业。合伙人不一定是工商登记的股份合伙人，也可以是战略合伙人或者业务合作的合伙人。这种策略不仅可以深化客户关系，还能通过客户的积极参与和贡献，为公司带来新的业务机会和创新思路。**把客户变成合伙人，意味着将客户视为业务发展中的重要参与者，而不只是消费者或服务的接受者。**这种策略的核心在于共享价值，通过共同的努力实现双方利益的最大化。

实现客户转变为合伙人的重要性在于极大地提升客户的忠诚度和满

意度。当客户感觉到自己的意见和贡献被重视，并能够直接影响产品或服务的发展时，他们会更加积极地参与到公司的业务中来。这种参与感和归属感是传统客户关系策略难以达到的。此外，客户作为合伙人，其独特的视角和经验可以为公司带来新的思路和机会，有助于产品和服务的持续创新和改进。

需要注意的是，将客户转变为合伙人是一种策略，并不适用于所有客户，而是针对那些特定的、能够为一人公司带来显著增值的客户。适合成为合伙人的客户通常具备以下特征。

（1）高度的参与度和积极性

在一人公司将客户转化为合伙人的过程中，高度的参与度和积极性是筛选潜在合伙人客户的首要标准。这类客户不仅是消费者，更是品牌的积极推动者，他们对公司提供的产品或服务充满热情，愿意投入时间和精力参与到产品开发、服务改进甚至是品牌传播的各个环节。他们的这种参与不仅基于对产品或服务的喜爱，更源于对品牌价值和愿景的认同。

具有高参与度和积极性的客户，往往愿意主动提供反馈，无论是正面的赞誉还是建设性的批评，他们的目的是帮助公司不断进步和成长。这些反馈对于一人公司而言极为宝贵，这些反馈如同一手的市场研究资料，能够直接指导产品优化和服务升级，帮助一人公司更好地满足市场需求。

此外，高度参与的客户还经常在自己的社交网络中分享一人公司的产品或服务，他们的推荐往往基于个人的使用经验，因而更加真实可信。这种由内而外的推广方式，对于品牌形象的塑造和市场影响力的扩大具有不可估量的价值。他们的积极性能够激发周围人的好奇心和兴趣，为一人公司带来新的潜在客户。

　　高参与度和积极性使得这类客户成为一人公司的无形资产。把这些客户转化为合伙人，不仅能够深化一人公司与客户的关系，更能通过客户的力量推动公司的发展，实现品牌价值的最大化。因此，培养和维护这类客户关系，将客户的积极性转化为一人公司发展的动力，是一人公司在构建长期客户关系策略中不可忽视的环节。

（2）与一人公司价值观相符

　　适合成为合伙人的客户，其价值观和一人公司是高度一致的。选择与公司价值观相符的客户作为合作伙伴，意味着双方在基本的理念和目标上达成了共识，这种深层次的连接使得合作关系更加牢固，合作过程中的摩擦和误解也会少一些。

　　价值观相符的合作伙伴能够深刻地理解一人公司的使命和愿景，他们对公司的支持不只停留在表面的产品或服务交易上，更多是对公司长远发展和社会影响力的认同和支持。这种深层次的认同使得双方的合作关系超越了纯粹的商业合作，变成了一种共同努力实现更大目标的伙伴关系。在这样的合作关系中，客户作为合伙人，会主动提出宝贵的建议，参与到公司的战略规划和决策过程中，推动公司向着既定目标前进。

　　此外，选择与公司价值观相符的客户作为合伙人，他们的行为和决策更能体现公司的核心价值，这对于维护公司的品牌形象、增强外部信任度至关重要。他们的每一次推荐和分享，都是对公司价值观的再次传播，有助于吸引更多志同道合的客户和合作伙伴，形成一个积极向上的良性循环。

　　因此，确保合作伙伴与一人公司价值观相符，不仅能促进双方关系的稳定和深入，更能通过这种深度合作为公司带来长期的利益，同时也有助于扩大一人公司的影响力。在一人公司的成长过程中，拥有一群与公司价值观高度契合的合作伙伴，无疑是公司宝贵的财富和坚强的后盾。

（3）具备专业知识或独特视角

在一人公司构建长期客户关系的过程中，应优先将那些具备专业知识或独特视角的客户转化为合伙人。这类客户不仅因专业背景或生活经验而显得独特，而且能够为公司提供新颖的思路和解决方案，从而推动公司的创新和成长。

专业知识丰富的客户在特定领域拥有深入的理解和丰富的实践经验，能够就产品或服务的专业性提出建设性意见。这种专业意见对于一人公司而言，犹如及时雨，能够帮助公司在激烈的市场竞争中找准定位，持续优化产品，满足目标客户的具体需求。在某些情况下，这些专业知识还能帮助公司开拓新的业务领域或市场，为公司带来新的机会。

拥有独特视角的客户可能来着自多样化的背景，有着与众不同的生活经历和观点。这些独特的视角能够为公司带来新鲜的灵感和创意，促使公司从不同的角度审视自家的产品和服务，发现之前未曾注意到的机会或潜在问题。这种从用户角度出发的洞察，对于提升用户体验、增强产品的市场竞争力具有重要意义。

将这些具备专业知识或独特视角的客户纳入合伙人的行列，不仅能够加深他们与公司的联系，更能够充分利用他们的知识和视角，推动公司的发展。通过这样的深度合作，一人公司能够在复杂多变的市场环境中保持创新和敏捷，实现可持续发展。

总之，这些具备专业知识或独特视角的合伙人客户，是一人公司宝贵的资源。他们不仅能够通过自身的专业能力或独特见解支持公司的成长，还能够通过他们的网络和影响力，为公司吸引更多的目标客户和合作机会，从而为一人公司带来更大的价值和影响力。

（4）长期的忠诚度

适合成为合伙人的客户往往与一人公司建立了长期的关系，他们对公司的忠诚度高，愿意与公司共同成长和面对挑战。

保持着长期忠诚度的客户对一人公司的业务运作有着深刻的理解。他们不仅熟悉产品的特性和服务的细节，还深谙公司的品牌理念和发展目标。这使得他们在转化为合伙人后，能够迅速融入公司的运作，有效地推动业务的开展和品牌的推广。

这类客户的忠诚度往往基于对公司价值观的认同和对服务品质的高度认可，他们的转化不仅可以增强公司的信誉，还可以通过他们的网络和影响力，为公司吸引更多具有相似价值观和需求的新客户。在这种情况下，保持着长期忠诚度的客户成为合伙人，他们的推荐更具权威性和说服力，有助于构建广泛的客户网络。

再者，这类客户转化为合伙人后，他们对公司的投入不会停留在金钱层面，更多是对时间、经验和资源等的全方位支持。这种支持是基于对公司长期发展的期望，能够在公司遇到挑战和困难时，提供更加稳定的支持力量。

长期的忠诚度是一种双向选择的结果，它体现了客户对一人公司的认可和支持，同时也反映了一人公司对客户的重视和奖励。这种基于长期互动和信任建立的合作关系，一般会持续稳定地发展，为公司带来持久的价值。

（5）拥有影响力的客户

拥有影响力的客户不仅在自己的圈子里拥有广泛的社交网络和较高的声望，而且能够通过他们的推荐和认可，为公司带来新的业务机会和更广泛的市场认知。

首先，选择有影响力的客户作为合伙人，其推荐具有很高的可信度和传播效力。在现代社会，人们在做出购买决策时，越来越倾向于信任和依赖身边人的推荐，尤其是那些在某个领域具有一定权威性或影响力的人。因此，当这些有影响力的客户成为一人公司的合伙人后，他们对公司产品或服务的正面评价，能够有效提升潜在客户对公司的信任度，加速决策过程，从而促成更多的成交。

其次，拥有影响力的客户通常有着广泛的社交网络。他们与社会各界的广泛联系可以为一人公司打开新的合作门路，带来更多的资源和机会。这对于资源相对有限的一人公司而言，是一种十分宝贵的外部支持，能够帮助公司快速扩大市场份额，增强品牌的影响力。

再次，这些客户往往能够提供深刻的市场洞察和业务建议。他们对特定领域有着深入了解和丰富的经验，能够为一人公司在产品开发、市场策略等方面提供有价值的意见和建议。这种来自市场前沿的一手反馈，对于一人公司精准定位目标客户群体、优化产品或服务具有重要的参考价值。

最后，将有影响力的客户转化为合伙人，能够提升公司的社会责任感和品牌形象。这些合伙人往往具有较强的社会责任感，他们的个人形象和价值观念与公司品牌相契合，有助于公司在社会上形成正面的品牌形象，吸引更多的客户和合作伙伴，从而实现品牌价值的提升。

总之，在考虑将客户转变为合伙人时，一人公司需要综合考量客户的潜在价值、参与意愿以及与公司目标的契合度。通过精心选择和培养合伙人客户，一人公司不仅能够获得宝贵的资源和支持，还能在长期的合作中与客户共同成长，实现双方的目标和梦想。

5.4.3　建立有温度的社群

随着人工智能的发展，未来人和人之间的关系和情感会愈加珍贵和重要。无论是线下还是线上服务，建立一个有温度的社群，将一群有同样需求的人聚集在一起，互相探讨和互相帮助，不仅可以让客户有归属感，提升客户的忠诚度和活跃度，还能让老客户在社群中帮助新客户答疑解惑，减少一人公司的运营工作。

一个有温度的社群对于一人公司来说，不仅是产品或服务交易的场所，更是其与客户之间情感连接和深度互动的重要纽带。通过社群，一人公司能够提供人性化的服务，快速响应客户反馈，及时调整产品或服务，以满足客户需求。社群内部的分享和互助平台也促进了客户之间的交流，加强了公司与客户的联系，使每位成员都能获得独特的关照。

此外，社群成为塑造品牌形象和传递价值观的舞台。一人公司可以通过举办各类活动，增强客户黏性，同时通过客户的口碑传播扩大品牌的影响力。这些互动活动展示了品牌的独特性，帮助一人公司构建鲜明的品牌形象。

社群中的客户反馈还可以成为产品创新的宝贵资源，为一人公司提供真实的市场数据。与客户的紧密交流有助于公司准确把握市场动态和客户需求，确保产品和服务更加贴合市场，满足客户需求。

建立有温度的社群还是降低营销成本的有效方式。社群中忠诚的成员自发成为品牌的推广者，他们的真实分享比传统广告更能赢得潜在客户的信任。这种由社群内部自然生长的推广方式，为一人公司带来了成本效益极高的市场扩张途径。

然而，想要建立一个有温度的社群并不是一件容易的事。尤其是现在，每个人的微信里都有很多群，常常屏蔽群消息之后就不再打开，最后很多群沦为了品牌的广告群。如何才能建立一个客户活跃度高的有效社群呢？

（1）提供仅限社群成员参与的福利活动

可以设置一些只有社群成员才能参与的福利活动。例如，如果你开了一家奶茶店或网店，可以在每周三的时候上架一款特价产品，产品链接仅在社群里发布；如果你是做知识付费产品的，可以仅向社群成员提供你的直播回放视频或者课程"干货"笔记，以此来刺激客户定期关注社群消息。

（2）让客户参与到社群活动中

你还可以给社群成员制定一些游戏规则。例如，在社群里参与一些活动可以获得一定的积分，而这些积分可以兑换礼物或者福利。活动可以是转发品牌的宣传到朋友圈，或者撰写一段产品体验评价等。定期组织一些社群活动，激发客户对社群的关注度和活跃度。

（3）提高进入社群的门槛

当你的社群有定期的福利或活动，就可以提高进入社群的门槛，比如要达到一定的消费额才能入群。当社群有了门槛，客户付出一定的努力才能进入社群时，他们就会对社群更加珍惜。

（4）举办线下活动刺激线上链接

由于线上的群消息较多，客户难免会忽略部分消息，或者因长时间未参与社群活动、不关注社群动态，导致社群黏性下降。因此，可以适当组织线下活动，通过线下互动激发客户对线上社群的兴趣和关注度。比如，在线下活动现场，鼓励客户通过线上社群发放或抢红包参与抽奖，从而引导他们查看社群消息，进一步提升对社群的关注度和参与度。

通过上述方法策略，一人公司的创业者可以建立并维护一个有温度、充满活力的社群，从而在持续的互动和交流中增强与客户的联系，推动品牌的成长和发展。

5.5 工具篇：教练式销售的流程

教练式销售的核心在于通过一系列精心设计的步骤，引导客户自我发现和自我解决问题，从而达成销售目标。这种方法强调的是与客户形成合作关系，而非单方面的推销。通过这种方式，个人创业者可以有效地挖掘客户的真实需求，同时帮助客户找到满足这些需求的可能路径。教练式销售不仅能提高销售的成功率，还能提升客户的满意度和忠诚度。

以下 12 个步骤构成了教练式销售的完整流程，每一步都旨在深化客户关系，提升对话质量，最终实现双赢。从简单的闲聊开始，逐步掌控对话全局，深入了解客户的现状，加深对问题的理解，引导客户设想理想状态，帮助客户幻想实现后的变化，明确问题的根源，获取改变的承诺，坚定信心，展示定位和价值，提出解决方案，最后给予成交激励。

这一流程不仅是蕴含一系列的销售技巧，更是一个让客户感受到被重视和理解的过程。通过这种方式，个人创业者能够与客户建立起深层次的关系，并提供更加个性化和有价值的服务或产品，从而在激烈的市场竞争中占据有利位置。表 5-1 所示为教练式销售的流程。

表 5-1　教练式销售的流程

序号	关键	目的	内容举例/提问示范
1	简单闲聊	以亲切的开场打破对话壁垒	"你好，很高兴和你交流。最近怎么样？是否遇到了什么挑战或者有什么新的想法？"
2	掌控全局	明确沟通目标，让客户感到有序和安心	"在我们开始之前，我想先了解一下你的情况和遇到的问题，这样可以更好地帮助你。我们会一步一步来，让你感到舒适和被支持。"
3	了解现状	深入把握客户当前的状态，明确需求	"可以说说你现在的情况吗？你面临的主要挑战是什么？这对你意味着什么？"
4	加深痛苦	通过具体问题揭示客户的真实痛点	"这个问题对你来说意味着什么？这个问题持续多久了？你尝试过哪些方法来解决问题？结果如何？"
5	理想状态	引导客户设想理想的解决方案和未来状态	"如果你能解决这个问题，你希望达到什么样的状态？这对你的生活或工作有何影响？"
6	帮助幻想	鼓励客户幻想并扩展其理想成果的可能性	"让我们不设限地想象一下，解决了这个问题后，你的生活会有怎样的改变？这会如何影响你周围的人？"
7	问题根源	探寻问题的深层原因，促进客户自我发现	"你认为阻止你达到理想状态的主要障碍是什么？这个问题的根源是什么？你如何看待这个障碍？"
8	改变承诺	获取客户对改变的承诺和动力	"你准备好做出改变了吗？你觉得现在开始采取行动怎么样？"
9	信心希望	坚定客户信心，提供成功的希望和案例	"我相信我们可以找到解决方案。过去，我帮助了很多面临类似挑战的人成功改变了他们的情况。"
10	定位价值	明确自己的专业定位和提供的独特价值	"我专注于帮助像你一样的个体找到解决方案，并实现他们的目标。我的方法是基于深入了解和实际行动，提供长期的服务陪伴。"

续表

序号	关键	目 的	内容举例／提问示范
11	解决方案	提出具体的解决方案，突出其效果和价值	"基于我们的讨论，我认为[解决方案名称]非常适合你。它可以帮助你[具体的改变或达成的目标]。这个方案的优势在于……"
12	成交激励	引导客户做出决定，提供激励措施	"为了支持你的决定，我想提供一项特别优惠。如果你现在决定开始，我们可以[优惠措施]。这样可以帮助你更快地开始改变之旅。"

　　通过这12个步骤，教练式销售不仅可以帮助客户明确需求和痛点，还可以提供个性化的解决方案，最终引导客户做出购买决策。

第六章

稳定期：搭建你的品牌运营系统

当一人公司度过了初创期，进入稳定期，如何保持品牌的吸引力和竞争力就成了关键。此时，你已经有了一定的客户群体，业务流程逐渐完善，但如何在激烈的市场竞争中脱颖而出，并实现长期的稳步增长，是每位一人公司创业者必须面对的挑战。

本章的核心是讨论如何搭建品牌运营系统，优化服务流程，提高运营效率，从而在保持品牌活力的同时，实现公司的稳定发展。我们将从品牌战略的角度入手，帮助你构建一个长期发展的品牌系统，确保你的公司在竞争中保持优势。

6.1　打造独特的品牌形象

品牌不只是你的标志、颜色或口号，更是客户对你、你的服务或产品的综合印象。对于一人公司来说，品牌不仅是视觉元素，更代表了你的承诺、价值观以及与客户建立的情感连接。

你可以把品牌看作客户在你不在场时如何谈论你。品牌是客户体验、情感和认知的总和。这意味着品牌塑造需要在各个接触点上统一输出你的核心价值。品牌形象是客户对你公司的认知和印象的核心，它不仅是企业识别的重要元素，更是与客户建立情感联系的桥梁。进入稳定期后，一人公司需要通过品牌形象的持续优化与创新，确保公司在客户心中保持独特的地位。

6.1.1　设计品牌营销系统

在一人公司的发展过程中，品牌思维的建立和运用是至关重要的。

如果没有品牌营销思维，只懂得营销业务和产品，那么很难定位高净值用户，而且可替代性非常强。因为这是一个产品过剩的时代，业务和产品很难成为资源有限的一人公司的核心竞争力，而不可替代的是创始人的个人品牌和一人公司的使命与愿景，所以品牌才是一人公司打造差异化竞争力的关键。这不仅要求创业者具备品牌营销思维，更需要在创立品牌的每个阶段都将创始人的个人品牌价值理念和公司的产品、业务、品牌、愿景、使命紧密结合起来，形成一个有深度、有连贯性、有吸引力的品牌故事。

要打造品牌营销系统，需要遵循以下几项原则。

● 第一，专注价值创造，而非短期盈利。

价值创造是品牌发展的核心驱动力。你的品牌存在的根本意义，不是为了销售产品或服务，而是为了帮助客户解决问题、提升客户的生活质量或工作效率。因此，必须持续关注客户的需求变化，始终把"如何为客户创造更多的价值"放在首位。

短期来看，销售量的增长和利润的提升固然重要，若是你的品牌在客户心中没有实际价值，那么你的产品最终将无法维持长久的吸引力。通过不断优化产品或服务，并根据市场反馈做出及时调整，持续提供优质的用户体验，你将逐渐在市场中赢得口碑和信任。

● 第二，保持品牌认知的独特性与一致性。

一个长期有竞争力的品牌，必须在市场中拥有独特的定位。一人公司通常具有个性化的特点，因此你可以通过深入挖掘个人专业优势、风格、经验，形成独特的品牌认知。这种独特性可能体现在你的专业领域、服务方式，或是你的价值观中。

一致性是品牌发展的基石。品牌与客户的每一次互动、输出的每一份内容、提供的每一项服务都需要传递相同的价值和理念。通过一致的品牌形象与价值输出，你可以在客户心中树立一个清晰、可靠的品牌形象。长期坚持一致的品牌输出，让客户知道你是谁、你代表什么，会让客户产生信任感，进而形成品牌忠诚度。

● 第三，持续输出高质量的内容，打造个人 IP。

要保持并扩大品牌的影响力，内容输出是必不可少的环节。内容即品牌，通过内容与受众保持联系，传递价值观和专业知识，是吸引客户的重要方式。特别是在社交媒体发达的今天，持续输出高质量的内容，可以让你的品牌在目标客户中保持高曝光率和扩大影响力。

持续输出内容不只是在社交平台上发布文章或视频，更重要的是在专业领域展示你的见解和经验。你可以通过博客、电子书、课程、直播等形式，不断深化个人 IP 的影响力，帮助客户解决他们关心的问题，逐渐在行业内树立权威形象。

● 第四，与客户建立长期信任关系，而不是一次性交易。

长期有竞争力的品牌，核心是吸引新客户，同时与现有客户建立长期的关系。通过优质的服务体验和个性化的客户沟通，增强客户的品牌黏性，提升复购率和客户忠诚度。

具体来说，你可以通过建立私域运营系统，将客户引导至私域,如微信、社群等渠道，与客户保持互动。持续提供有价值的内容和服务，不仅可以增强客户的信任感，还可以通过老客户带来新客户，形成口碑裂变效应。

6.1.2　设计一人公司品牌形象

在稳定期，品牌形象的独特性是保持市场竞争力的关键。一个强大且独特的品牌形象不仅能够吸引新客户，还能通过持续的情感连接留住老客户。品牌形象的塑造不仅是视觉设计，还包含了品牌的价值、理念以及客户对品牌的整体感知。

第一步，要识别品牌的核心价值观。一人公司的品牌往往十分依赖创始人的个人价值观和信念。**你是谁、你相信什么、你希望为客户带来什么，这些都构成了品牌的核心价值观**。当客户认同你的品牌价值观时，他们会更容易与你建立情感连接。比如，如果你是一位倡导环保理念的服装设计师，你的品牌可以强调可持续发展、环保材质等，这会吸引那些关心环境的客户群体。作为一人公司创始人，你可以列出你认为在经营和客户服务中最重要的 3~5 个价值观。例如，诚信、创新、责任感、客户关怀等。

第二步，设计品牌的视觉识别系统。视觉是品牌的第一印象。虽然一人公司没有复杂的品牌设计需求，但一致、专业的视觉形象能帮助你在市场中建立可信赖的品牌形象。其中包括品牌标识（logo）、品牌颜色、品牌字体、视觉元素等。

logo 是品牌的核心标志。对于一人公司来说，logo 设计应该简洁、易识别，并能够传递品牌的核心价值。最好是图形或文字的简单组合，方便客户在不同场景中快速识别。设计风格应与行业特征相匹配。例如，健身行业可以使用强劲、有力的字体，咨询服务则可以选择更正式、专业的风格。

颜色对品牌的识别有巨大影响。每种颜色都有其特定的心理暗示。

例如，蓝色通常给人以可靠、专业的感觉；绿色则与健康、环保相关。确定一种或两种主色调，用于所有品牌物料的核心视觉元素。辅助色可以用于配合不同场景的需要，但应与主色调一致。确认了品牌颜色之后，无论是你的网站、社交媒体还是名片，所有地方都应保持一致的颜色方案，增强品牌识别度。

字体的选择同样重要，不同的字体风格会传达出不同的品牌性格。通常你需要一个主标题字体、一个正文字体。如果需要，可以再加一个强调用的特殊字体。字体要与品牌风格一致，如果你是做科技行业的，可以选择现代、简洁的无衬线字体；如果你是做咨询行业的，可以使用更正式的衬线字体。

除此之外，视觉元素如图标、插图、背景图案等也是品牌的一部分。你可以选择一些具有独特风格的视觉元素，作为品牌的补充和装饰，增强视觉吸引力。例如，我选择了一些飞鸟的元素作为"自由人生教练"品牌的视觉元素，象征着"自由"。

第三步，建立品牌的声音和个性。品牌声音就是你与客户沟通时使用的语言风格和语调，它决定了客户感受到的品牌个性。作为一人公司，品牌的个性和你的个性往往紧密相关，因此你要确保品牌声音与自己的风格相符，并与目标客户产生共鸣。

语言风格可以是正式的、友好的、幽默的或专业的，具体取决于你所处的行业和目标客户。例如，如果你是一名专业顾问，语调可以偏向于正式、可信赖；而如果你是内容创作者，可以采用轻松、幽默甚至夸张的语气。无论是在邮件、社交媒体、网站文案中，还是客户沟通中，语调都应该保持一致，传递统一的品牌信息。

第四步，打造客户体验设计。品牌不仅是外观和话语，更是客户与品牌每一次互动的感受。这就包括了从客户第一次接触你的品牌，到购买、使用后的整体体验。打造一流的客户体验，能为你的品牌赢得长久的信任和口碑。其中可能包括你的官方网站的页面设计与展示，你的私域营销链路和服务介绍，你的产品交付过程，等等。客户从咨询到下单付款以及售后跟进的每一个流程，都体现了你的品牌给客户创造的体验感。

品牌设计并不是一次性完成的，而应该随着你的业务和客户需求的变化而不断调整。定期评估你的品牌形象是否与时俱进，是否依然能够满足客户的期望，是保持品牌竞争力的关键。

6.1.3　创始人要做真实的自己

一人公司的品牌理念和创始人的个人品牌是息息相关的，很多人打造个人品牌，会希望给自己打造一个完美的人设，看似一个完美优秀的人能够吸引更多的追随者，实际上却给自己的创业埋下了风险。

首先，一个完美的人设很难长久维持。人无完人，一旦发生任何不符合这个完美形象的行为，品牌就可能面临信任危机。观众很容易对不真实的形象感到失望，这种失望感可能导致忠诚度的下降，甚至对品牌的完全反感。

其次，过度理想化的形象可能造成与观众的隔阂。真实的连接来自共鸣和共同点，而过于完美的形象很难让人产生共鸣，因为它缺乏温度和缺陷。人们倾向于信任那些他们可以共感、理解和关联的人。

长期维持一个不真实的人设对创始人而言也是一种负担。这种不断的表演和自我监控可能导致心理压力，使个人失去本真，并在精神上造成疲惫和枯竭。当个人品牌与个人真实性不一致时，创业者很难保持长久的热情和创造力，因为他们必须不断应对内外的期望与实际自我之间的冲突。

最后，完美人设很难提供可持续的独特价值。个人品牌的魅力往往源自个性和真实的故事，当这些被过度理想化的形象淡化时，品牌可能失去其真正的吸引力。因此，长期来看，一个真实、有缺陷而具人性的个人品牌通常更具吸引力和持久力。

在一人公司的发展中，"做真实的自己"不仅是个人成长的要求，也是品牌发展的核心。这句话似乎很简单，但在竞争激烈、变化迅速的商业环境中，坚持自己的独特性和真实性，往往是一项艰巨的任务，因为这意味着你要面对和接纳自己的"不完美"，同时接受不同的声音和评判，这背后需要有强大的心力和自信。

为了"做真实的自己"并且吸引到精准客户，一人公司的创始人需要深入挖掘自己的热情所在，最大化发挥自己的长板，当优势足够突出的时候，客户会被你的专业和独特性吸引，不完美的短板就不那么重要了。**创始人打造个人品牌，其实就是一个深度自我探索、寻找"我是谁"的过程，而一人公司可持续发展的根本，就在于创始人的生命热情所在。**

当找到了自己的长板，就要在产品服务中放大自己的长板，聚焦做自己擅长的事情，不要因为好奇心去分散注意力到自己不擅长的领域。另外，要勇于承认自己不擅长的部分，不要害怕别人觉得你不够完美。有时候，坦诚暴露自己的短板和缺点，反而会拉近品牌和客户的距离，会让人觉得真实可爱。当创始人可以和客户建立深厚的感情共鸣和链接时，客户购买的就不仅是产品，更是一人公司创始人的故事和一种生活态度。

简而言之，对于一人公司而言，"做真实的自己"是一种长期投资，也是创业者的个人修行。它要求一人公司的创始人不仅要在产品和服务上追求卓越，更要在品牌的表达上保持真实。在快速变化的市场环境中，在各种商业压力和竞争中，坚持自己的原则和价值观，不迷失方向，不随波逐流。

6.2　设计标准化运营交付流程

一人公司进入稳定期之后，标准化的运营交付流程是保证公司效率和客户体验一致性的关键。一项标准化的流程不仅能够帮助你有效管理有限的时间和资源，还能确保品牌在客户互动、服务交付和内容输出上的高质量和一致性。此外，当拥有了标准化的交付流程，就可以寻找替代创始人来做运营交付的合作团队，让创始人从运营交付中解脱出来，拥有更多的时间和精力去做流量和销售。

6.2.1　为客户设计一份学习手册

学习手册是一人公司为客户提供的一种极具价值的支持工具。学习手册不仅能帮助客户更好地了解你的产品或服务，还能引导他们通过结构化的学习路径，逐步掌握产品的使用方式、核心理念或特定技能，提升整体客户体验。如图 6-1 所示，是我为学员设计的学习手册。

（1）客户手册的关键

客户手册的核心在于提供清晰、易懂的服务流程说明，确保客户了解他们将要经历的每一步，从购买到最终交付都有详细的引导。一份设计精良的客户手册能够大幅提升客户的使用体验，同时也能为你节省大量沟通时间。

📌**自由人生合伙人学习指南**
一、入学准备
　1.社群入学报道
　　1.1　制作合伙人专属海报
　　1.2　社区自我介绍
　　1.3　进群自我介绍
　2.开通课程及分销权限
　　2.1　合伙人专项课程
　　2.2　课程及分销权限
　　2.3　课程学习入口
二、课程学习
　1.潜力优势教练班
　2.合伙人专项课程
　3.合伙人圆桌会
　4.合伙人每月密训
　5.个人品牌实操营
　6.高客单价产品行动营
　7.影响力销售行动营
　8.年度社群共创会
三、个人品牌成长路径
　第一阶段：产品定位
　第二阶段：私域营销
　第三阶段：公域引流
　第四阶段：迭代优化
四、里程碑目标及续费
　1.合伙人积分奖励体系
　2.合伙人进阶里程碑目标
▶**五、合伙人附赠课程**
六、常见问题

图6-1　客户学习手册目录示范

客户手册的核心要素要包括产品或服务的详细介绍、服务流程的详细说明、常见问题解答、附加资源和视觉呈现。

首先，在手册的开篇，要详细介绍客户购买的产品或服务，如功能、特点、使用场景、可能带来的好处和解决的问题、与竞争产品的差异化优势等。让客户对他们所购买的产品或服务有一个全面的理解。

其次，通过清晰的时间线和步骤分解，告诉客户在整个交付过程中需要经历的关键节点。这不仅包括你将做什么，还应该包含客户需要提供的信息或完成的任务。比如，在需求确认阶段，需要明确客户要提供的资料或信息；在中期反馈阶段，要说明如何收集客户的反馈和意见；在项目验收阶段，要进行交付成果的确认和后续服务的介绍。这种流程化的描述能够有效减少误解，确保双方对工作进度和职责分工有清晰的认知。

常见问题解答（FAQ）是手册里非常重要的一部分，解答客户在服务过程中可能遇到的问题，以及帮助他们快速找到解决方法。此外，还可以提供一些额外资源，如相关阅读材料、视频教程或是可供下载的工具模板等，以帮助客户更好地理解和使用产品或服务。

最后，在设计客户手册时，还应考虑到视觉呈现。通过简洁明了的排版、清晰的字体和专业的配图，手册会更加易于理解，也更符合客户对你品牌的期望。美观的手册还能传递专业性，帮助你在客户心中塑造正面的品牌形象。

（2）如何设计手册

设计一份标准化、易于更新的客户学习手册，可以通过飞书、腾讯文档等协作工具来实现。这些工具提供了丰富的文档创建、共享和协作编辑功能，非常适合快速制作和更新手册内容。以下是使用飞书来设计客户服务手册的一些步骤。

● 第一步：创建手册结构。

先确定手册的内容框架，设置清晰的章节分布。结构可以包括公司介绍和品牌背景，产品或服务概述，详细的服务流程，FAQ（常见问题解答），重要联系方式和支持资源，附加资源，如操作指南、教程视频等。

在飞书中创建新文档，利用其格式功能设置标题和子标题，为每个内容部分预留空间。

● **第二步：填充内容。**

在每个章节中填充具体的内容。确保使用简洁明了的语言，避免复杂的术语。飞书支持多种媒体格式，可以插入图片、图表、流程图等，帮助客户直观地理解复杂的概念和操作步骤。

● **第三步：设计和布局优化。**

利用飞书的设计功能，如选择合适的字体大小和颜色、调整段落布局、插入分隔线等，提高手册的可读性和吸引力。保持整体风格的一致性，使得手册看起来既专业又符合品牌形象。

● **第四步：插入互动元素。**

飞书支持插入互动元素，如在线资源的链接、嵌入的视频教程、填写反馈的表单等。你可以在手册中加入这些元素，让客户在使用过程中获得即时的帮助或进行互动。例如，可以加入在线反馈表单，帮助客户提出问题或意见。

● **第五步：分享和权限设置。**

完成设计后，可以通过飞书的权限设置功能选择哪些客户可以访问手册，是否允许他们进行评论或修改。通过这种方式，你可以随时根据客户需求更新手册内容，并实时分享给客户。

● **第六步：收集反馈并持续更新。**

手册并不是一成不变的。在客户使用过程中，定期收集他们的反馈，了解是否有需要改进的地方。飞书的评论功能可以帮助你直接从客户那里获取改进建议。根据反馈，不断完善手册内容，以确保它始终为客户提供的价值最大化。

通过这样的流程，不仅能制作出一个内容丰富、格式一致的客户服务手册，还能确保随着时间的推移，手册内容能够及时更新和改进，更好地服务于客户。当有新客户的时候，只用复制副本就可以为新用户创造独一无二的手册了。

6.2.2 设计交付中的游戏体验

学习和改变行为常常是有一定难度的，人们往往倾向于避开复杂或耗时的任务。因此，在一人公司中，如何让客户主动参与、持续使用你的产品或服务，是提升客户行动力和忠诚度的关键。游戏化体验正是通过将游戏机制融入产品或服务交付中，使学习和操作变得有趣、互动且充满获得感，从而激发客户的积极性，增强品牌的吸引力。

游戏化利用了人类的内在动机，通过奖励、挑战、即时反馈等元素，满足客户的成就感、竞争感和探索欲。当客户通过完成任务获得奖励或看到即时反馈时，他们会感受到积极的情感体验，这种体验会让他们更愿意主动参与，创造更大的结果。如图 6-2 所示，我给学员设计了一张卡通地图，把我辅导学员打造个人品牌的关键事件，用徒步游戏的方式展示出来，让学习变得有趣。

设计交付中的游戏体验，可以分成以下四个部分。

（1）设定分阶段的清晰目标和挑战

客户常常会因为任务庞大、流程复杂而感到不知所措或失去动力。将交付流程中的任务分解为清晰的小目标，并为客户设定不同阶段的挑战，可以有效减轻他们的心理负担，并保持进程的可控性。

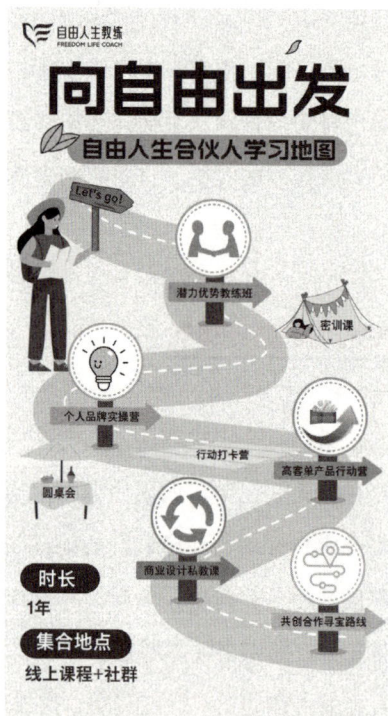

图 6-2　客户游戏体验地图

- 分阶段任务。将整个服务或产品交付分解为几个具体的步骤或阶段，每个阶段设定一个小目标。例如，在提供在线课程时，可以将课程分为入门、进阶、高级三个阶段，客户通过完成各阶段的内容来获得认可。

- 挑战感。在每个阶段增加适当的挑战性任务，客户可以通过突破某些难点获得奖励。比如，可以设置一项"难题挑战"，当客户完成一项较高难度的任务时，给予他们特别的称号或徽章。

- 进度条与成就展示。为客户提供一个可视化的进度条，展示他们离最终目标还有多远。这种即时反馈能给客户带来强烈的成就感，让他们持续前进。

（2）引入即时反馈与奖励机制

游戏中的即时反馈和奖励机制是驱动人们行动的重要元素。当客户完成某项任务或达到某个重要节点时，及时给予奖励或反馈，让他们感到每一步的努力都得到了认可和回报。

- 奖励积分系统。为客户设定一个积分系统，每完成一个步骤或任务即可获得相应的积分。积分可以用于兑换实际奖励（如优惠券、折扣）或虚拟奖励（如徽章、排行榜积分）。

- 虚拟奖励（徽章、称号）。一些客户喜欢炫耀他们的成就。设计一些虚拟奖励，如"课程达人徽章""任务挑战者称号"等，给予那些在交付流程中表现突出的客户。这些奖励可以展示在客户的个人资料或社群中。

- 即时反馈通知。当客户完成某项任务时，及时推送一条反馈通知或弹窗，肯定他们的进步，并提供下一项任务提示。例如，"恭喜你完成了第一阶段，现在你距离最终目标更近了一步！"

（3）设计社交互动与竞争元素

游戏化体验不仅依靠个人的进步来维持和推动，社交互动和竞争感也是极其有效的驱动力。将客户之间的互动纳入交付体验，可以大幅提升客户的参与感和行动力。

- 排行榜系统。设计一个排行榜，展示客户完成任务或获得积分的情况。排行榜可以增加轻度竞争，让客户看到自己在同行中的排名，从而激励他们更快、更积极地完成任务。

- 社群互动。通过建立社群，客户能够相互交流，分享进展，解决遇到的问题。例如，你可以设置社群挑战，每周邀请客户分享他们的成果，并选出表现最突出的几位客户，给予奖励和展示机会。

- 团队合作任务。设计一些团队合作任务，鼓励客户组队完成某些挑战。这不仅增加了互动性，还让客户感受到品牌带来的社交价值。

（4）打造专属成就感与归属感

游戏化体验的最终目的是让客户产生一种成就感和归属感。他们不仅是产品的使用者，更是积极参与品牌互动的一员。通过设计能够彰显客户进步和个人价值的系统，进一步巩固这种情感联系。

- 成就展示页面。为客户提供一个专属的页面或空间，展示他们在服务交付中获得的所有成就、徽章和积分。让客户能够一目了然地看到他们的进步，并通过社交分享这些成就。

- 长期荣誉体系。建立一个长期的荣誉体系，让客户的每一次参与都能为他们的荣誉积累积分。例如，当客户完成所有学习任务后，可以获得"品牌大使"称号，并有机会获得专属的优惠或推荐权利。

- 社区荣誉与归属。通过长期任务和社群互动，客户不仅能获得成就感，还能感受到归属感。例如，定期表彰那些在社群中最活跃的成员，给予他们"年度最佳贡献者"称号。

通过设计游戏化的交付体验，一人公司可以有效提升客户的参与度和行动力，激励他们主动使用产品或服务，甚至乐在其中。游戏化设计不仅能让客户享受服务过程，还能增强他们对品牌的忠诚度，并形成积极的口碑传播。

关键在于将清晰的目标、即时反馈、奖励机制、社交互动有机结合，通过有趣的任务设计和互动体验，让学习和使用过程变得轻松愉快。最终，客户在这个过程中不仅获得了实用的价值，还收获了丰富的情感回报，从而愿意长久地与品牌保持互动。

6.2.3　万事皆可 SOP

一人公司进入稳定期后，创始人需要专注于战略决策和业务增长，而非日常的运营细节。为了解放创始人的时间和精力，一人公司可以设计标准化运营流程（standard operating procedures，SOP）来确保服务的一致性和高效性，同时为后续的外包运营打下坚实基础。

SOP 是一人公司流程标准化的重要工具。SOP 不仅可以提升服务质量的稳定性，还能够让公司在业务量增加时轻松扩展，甚至将部分运营任务外包给第三方或由团队合作伙伴来执行，从而解放创始人的时间和精力，让他们可以专注于更高价值的工作。因此，SOP 有三个关键作用：确保服务一致性，提高工作效率和降低成本，可外包合作，从而解放创始人的时间和精力。

要设计一套完善的 SOP，需要先梳理出公司的核心运营环节，并为每个环节制定清晰的执行标准和步骤。以下是设计 SOP 的具体步骤。

第一步，识别出公司运营中的关键流程。这些流程对公司业务的正常运转至关重要，通常包括客户服务流程、市场推广流程、财务和行政流程、售后支持流程等。

第二步，制定每个流程的具体执行步骤，每一步骤应详细描述任务执行的顺序、方法和标准，让任何人只要遵循这些步骤就能完成任务。可以将复杂的任务细分为多个可执行的子任务。例如，在社交媒体运营中，可以分为"内容创建""内容发布""用户互动"等步骤。为每个任务创建统一的模板。例如，报价单、邮件回复模板、客户反馈表等。这样可以减少沟通时间，确保所有模板符合统一的品牌形象和要求。

第三步，在 SOP 中设定明确的时间节点和交付期限。为每个流程的各个步骤设定合理的完成时间，并制定相应的提醒机制，确保项目按时推进。

第四步，评估和优化流程。SOP 不是一成不变的。定期根据执行中的实际情况对 SOP 进行优化，确保流程效率不断提高。例如，让外包团队提供他们在执行流程中的反馈，指出哪些环节可能存在瓶颈或浪费了时间。

如图 6-3 所示，是我给运营助理制定的一份工作 SOP，其中包括基础运营、售前客户运营、售后客户管理、课程项目运营、新媒体运营等，每一部分又有细致的流程、要求和话术示范，确保每一项工作的要求和执行都清晰透明。如果我的运营助理换人了，新的助理可以按照这份 SOP 快速上手工作。

在我的工作流程中，万事皆可"SOP"。我不仅给运营助理制定了详细的工作 SOP，还给每一个交付岗位都制定了 SOP，连销售话术都有 SOP。这也是我可以实现一人公司创业、每天工作 4 小时的原因。当我把不同的工作流程都制定了 SOP，我就可以进行外包合作，让别人按照我的 SOP 来执行，既可以确保交付运营的一致性和服务质量，还可以让新人快速上手，提高工作效率。

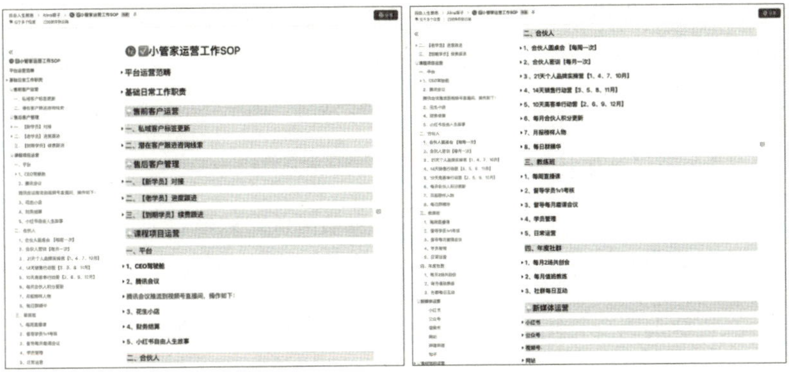

图 6-3　运营 SOP 示范

6.3　和客户共创迭代升级产品

　　在一人公司的稳定期，随着市场和客户需求的变化，产品要不断升级迭代和优化。一人公司并不意味着没有团队，相反，所有的客户都可以是团队的一员。将客户纳入产品的迭代和升级过程，不仅可以深化客户关系，还能够让产品更加贴合市场需求，从而增强公司的竞争力。在与客户共创的过程中，客户从被动的消费者转变为积极的参与者，这种转变为一人公司带来的不只是产品的改进，还有客户忠诚度的显著提升和口碑的自然传播。

6.3.1　定期和客户做教练式访谈

最简单的共创方式，就是定期与客户进行教练式访谈。教练以提问和倾听为主，可以帮助创业者深入了解客户需求、期望、体验及反馈，捕捉客户的真实声音，从而指导产品改进和服务升级。以下是实施教练式访谈的一些步骤和建议。

（1）制订访谈计划

制订一个教练式访谈的长期计划，包括访谈的频率（如每季度一次）、目标客户群体和访谈的主题与目的，确保访谈覆盖到各种客户群体，同时每次访谈都围绕特定的产品或服务领域展开探讨。例如，围绕新推出的功能进行反馈收集。

（2）准备访谈提纲

访谈提纲应该以开放式问题为主，鼓励客户分享他们的真实体验和建议。访谈可以围绕客户的使用体验、其希望改进的地方，以及对未来产品的期望展开。以下是一个典型的访谈提纲示例。

- 背景了解：了解客户的背景和业务情况，为什么选择你的产品或服务。

- 产品使用体验：客户对产品或服务的满意度如何？哪部分最符合他们的需求？哪部分需要改进？

- 未来需求：客户希望产品增加哪些功能或提供什么样的支持？

- 改进建议：客户对产品或服务有什么具体的建议？对公司的整体服务有什么期望？

（3）选择合适的沟通方式

选择客户方便的沟通方式，如视频会议、电话访谈或电子问卷。视频会议能捕捉到客户的情绪和表情变化，更适合深入讨论。电子问卷则适合收集大量反馈。

（4）进行访谈

在访谈过程中，倾听与引导是关键。让客户自由表达，同时通过适当的提问引导对话方向，确保讨论围绕访谈目标展开。保持开放态度，尤其是对批评性的反馈。

（5）分析和整理访谈结果

访谈结束后，对收集的信息进行整理和分析。识别客户反馈中的共性问题、独特见解和潜在机会。这些宝贵的信息将为产品的迭代更新、服务的改进以及以后策略的制定提供重要的参考。

（6）反馈和行动

向参与访谈的客户反馈他们的贡献是如何被公司采纳并转化为实际行动的。当客户感受到他们的意见和建议受到重视并实施时，会更加满意和受到鼓舞，从而增强他们对品牌的忠诚度。

（7）建立持续沟通机制

将教练式访谈作为与客户持续沟通的一部分，而不是一次性活动。通过定期的访谈，可以持续跟踪客户需求和满意度的变化，从而使公司快速响应市场变化。

通过定期的教练式访谈，一人公司可以更深入地理解客户，构建长期稳定的客户关系，同时也为产品和服务的持续改进提供了方向和动力。如果是视频访谈，还可以录制下来，一些自然流动的客户好评反馈片段可以剪辑出来作为新媒体营销的内容素材。

6.3.2 设计客户内部的共创小组

客户共创小组是一种直接将客户纳入产品开发和迭代过程的策略。通过这种方式，客户不仅是产品的使用者，还可以成为产品创新的推动者。这种共创机制有助于增强产品的市场适应性，同时也能够提升客户的归属感。设计客户内部共创小组可以参考下面五个步骤。

（1）确定共创小组的目标与范围

共创小组需要有明确的目标，比如开发新产品、改进现有功能或者解决特定的问题，确保目标具体且有可衡量的成果。例如，你的目标可以是"提升课程互动性"和"提高用户留存率"。

（2）挑选合适的客户成员

挑选那些具有丰富经验、愿意参与共创的客户。客户应该能代表不同的用户群体，确保在产品迭代过程中综合考虑不同用户的需求。邀请对产品有深入了解或使用频率较高的客户，能带来更多实用的反馈。比如，以健康和健身为主题的一人公司，可以邀请不同年龄段、不同健身水平的客户参与。

（3）设定运作机制

为共创小组设定运作机制，例如，每月召开一次视频会议，使用在线协作平台（如腾讯会议、飞书等）进行讨论和决策，确保成员可以随时通过平台分享意见并跟进项目进展。

（4）提供必要的支持与资源

共创小组需要充分的信息和技术支持，让客户更好地理解产品的运作模式、市场情况等。提供必要的培训或资料，使他们可以有效参与讨论和决策。

（5）实施与评估

将共创小组提出的建议付诸实践，并定期进行效果评估。与小组成员分享成果，进一步征集反馈，确保产品在市场中的表现符合预期。

设计客户内部的共创小组，不仅可以让客户参与产品的开发和改进，增强他们对品牌的归属感和忠诚度，更有动力去推广和使用产品，还能获得宝贵的用户洞察，客户能够直接提供来自市场前沿的反馈和见解，帮助公司更好地理解客户需求和市场趋势。通过汇聚不同客户的知识、经验和创意，可以促进产品创新，提高产品的竞争力。与此同时，这也展示了公司重视客户意见和参与的态度，能够建立积极的品牌形象，吸引更多潜在客户的关注。客户看到自己的意见被采纳，会更愿意分享产品使用体验，从而促进口碑传播。

将客户纳入共创小组，让他们直接参与到产品的迭代和创新中，对于一人公司而言，可以有效利用有限资源去推动品牌的建立和发展。大企业一般很难与客户有这样直接的沟通和紧密的关系，而这正是一人公司的优势。对于一人公司而言，商业是建立在关系的基础之上的，维护好客户关系有助于一人公司在复杂多变的市场环境中稳健发展、持续创新，确保品牌的生命力。

6.3.3　用项目制学习替代传统培训

项目制学习方式（project-based learning，PBL）是一种以学员为中心的教育模式，它要求学习者通过实践活动达成学习目标。这种方式通常涉及跨学科知识的应用、团队合作、解决实际问题、创造性思维和批判性思考。项目制学习的特点在于强调学习过程的主动参与、探索和实践，而不是被动接受知识。

对于知识付费行业的一人公司创业者而言，在交付设计上建议采用项目制学习方式，而不是传统的培训。因为知识本身是不值钱的，能够让学员产生行动上的改变和情感上的链接，知识付费类的产品才有价值，才能提高产品服务的客单价。

首先，项目制学习可以提供更为实际和具体的学习成果。在知识付费行业中，消费者往往寻求具体技能的提升或解决特定问题的方案，项目制学习通过真实案例的操作，使学习者直接应用新知识解决实际问题，提升技能，这种实践性强的学习模式更符合知识付费消费者的需求。

其次，项目制学习强调团队合作和社交互动。通过团队项目，参与者不仅能够学习到知识和技能，还能在合作中锻炼沟通协调能力、团队合作能力和解决复杂问题的能力。这种模式还可以通过学员之间的沟通合作建立情感关系，从而提升学员的获得感。

最后，项目制学习促进创新思维和批判性思考。在项目制学习中，学习者需要对问题进行深入分析，提出创新性解决方案，这有助于激发学习者的潜力和创造性，从而产生更好的结果，更容易创造交付环节中的峰值体验。

在知识付费的产品交付中，可以通过制定短期的共同目标，进行分组合作，实现项目制学习。例如，我在个人品牌服务产品中，设计了高客单价产品设计行动营，在行动营里，学员两两分组搭档，每个人要完成四项任务，分别是撰写一篇个人品牌故事，完成一张高客单价产品海报设计，梳理出产品的交付流程，撰写出一份电话销售话术。每位学员不仅要在10天内完成这四项任务，还要监督和帮助队友完成任务。在这一学习实操和互动共创的过程中，学员更容易行动起来，实现最终的目标。

在行动营的最后一天，我还设计了商业路演环节，要求每个人用 15分钟的时间阐述介绍和模拟发售自己的高客单价产品，作为项目成果予以展示。这不仅有助于学员获得峰值体验，还收集了学员的可视化成果。因此，每一期的学员都收获满满。

6.4 提升个人创业心力

掌握了技法之后，个人创业者面临的下一步是如何持续提升自己的创业心力。我遇到了很多创业者最后放弃创业或者无法可持续地发展，根本的原因就是没有办法维持自己的能量和心力，经受不住压力或者总受负面情绪的影响，导致业务发展受到影响。强大的心力是创业者的核心能力，也是业务稳定期的关键，因为创业比打工更难，时刻都在经受着未知的挑战。

创业心力涵盖了多个方面，我提炼了一人公司创业过程中最重要的三个能力：屏蔽力、内驱力和专注力。这些能力使得个人创业者可以在变幻莫测的商业环境中保持清醒，坚持自己的创业理念，同时也保持个人的注意力不被外界干扰，专注于最重要的任务和目标上。

提升个人创业心力是一个持续的过程，要求创业者不断自我反思和学习，不断调整自己的策略和方法，以适应不断变化的环境。这一过程中的学习和成长不局限于商业知识和技能的提升，更包括对自我认知、个人价值、信念和目标的深入理解和探索。所以，我一直认为"商业就是最好的修行"。

6.4.1　屏蔽力：维持良好的心态

在创业旅程中，屏蔽力是创业初期很关键的一项能力，指的是在面对外界负面影响、批评和压力时，能够保持积极和稳定的心态并且坚持自己初心的能力。在创业初期，创业者在探索和实践想法的过程中，还没有看见一定的成效，这时候非常容易受到外界声音的干扰。如果没有一定的屏蔽力，很容易被别人的意见左右。当周围的人都反对的时候，创业者就很容易放弃。

在创业的道路上，不可避免地会遭遇各种挑战、批评和失败。在这样的环境下，能够保持积极和稳定的心态，不被外界的负面影响左右，是持续前进和实现目标的关键。屏蔽力使创业者将精力集中于自己的业务和目标上，而不是被短期的困难和失败困扰住。

长期处于高压环境下，没有有效的应对机制，容易使创业者感到疲惫、焦虑甚至抑郁。通过培养屏蔽力，创业者可以更好地管理自己的情绪和压力，防止负面情绪的累积影响我们的决策和业务运营。一人公司创业者在心理和情感上保持稳定，对于创业成功和个人成长同样重要。面对挑战和失败时，我们要积极地从中吸取教训，而不是被负面情绪淹没。屏蔽力使我们以开放的心态接受新信息，探索新机会，即使在困难的情况下也能保持创新和灵活性。

首先，提升屏蔽力要先认识到不是所有的反馈都需要直接回应。学会区分哪些是建设性的批评，可以帮助你成长；哪些是出于恶意或不理解的负面声音，对你的进步没有帮助。接受有价值的反馈，而对无助于成长的批评保持一定的距离，可以有效减少外界负面信息对你的影响。

其次，培养良好的自我教练对话习惯。创业者常常会经历自我怀疑的时刻，这时候积极的自我教练对话可以提供必要的心理支持。通过肯定自己的能力、回顾自己过去的成功经验，以及重申自己的长期目标和愿景，可以增强内心的韧性，对抗外界和内在的负面声音。这也是为什么在我辅导创业者打造个人品牌的过程中，会先教他们基础的教练对话和培养觉察能力。当我们可以时刻保持自我觉察，就可以快速从负面影响中解脱出来。

再次，建立支持系统也是提升屏蔽力的有效途径。可以是信任的朋友、家人或者同行社群，他们可以提供情感支持，帮助你在面对挑战时保持积极心态。与理解你的人交流，不仅可以获得帮助和建议，也能在情感上获得支持，缓解压力。可以选择加入一个有温度的创业圈子，多认识一些同样在创业的朋友，因为大家可能面临同样的难题，可以互相交流和帮助。

最后，定期的自我反思和放松也对维持良好的心态至关重要。通过冥想、运动、兴趣爱好等活动，创业者可以从日常的压力中抽离出来，给自己心理上的"充电"。这样不仅有助于保持身心健康，也能在返回工作时以更加清晰的视角和充沛的能量面对挑战。

屏蔽力不是天生就有的，而是通过不断的练习逐渐培养起来的。对个人创业者而言，屏蔽力是他们在创业过程中保持积极心态、有效应对挑战的重要工具。

6.4.2　内驱力：保持充沛的精力

内驱力，或内在动机，是推动个人创业者不断前进的精神力量。内驱力源于个人的兴趣、热情和对成就的追求，而非外界的奖励或认可。对于个人创业者而言，内驱力是持续追求目标、面对挑战和不确定性时保持动力和热情的核心。它帮助创业者在遭遇失败和挫折时保持韧性，从而快速恢复并继续前进。

内驱力还是创新和创造力的源泉。当个人创业者由内在的兴趣和热情驱动时，他们更愿意探索新领域、尝试不同的方法，即使这些尝试没有立即带来成功或回报。同时这种探索精神也是创业的关键组成部分，它鼓励创业者不断寻找改进和解决问题的新方式。

提升内驱力的过程是也是深入探索自我价值、目标和保持激情的过程。每个人的内驱力来源是不一样的，它基于个体不同的价值系统。比如，有的人的内驱力来自他非常需要被看见，希望自己可以获得更多人的认可。这背后也许是原生家庭或小时候被忽略的感受，也许是不够自信。而有的人的内驱力来自好奇心，对于未知领域有着想要一探究竟的动力。所以，我们每个人需要先深度剖析和认识自己，了解自己的驱动力是源于什么样的价值体系，从而才能更好地驱动自己。

当个人创业者明确了解到自己创业的深层原因和追求的长远目标时，他们会发现自身拥有一股不断向前的动力。这种动力源于对工作的深层次意义和满足感的追求，超越了简单的财务收益。当人们认识到自己的工作能够对社会产生积极影响或推动某个领域的变革时，内在的满足感便成为一股强大的驱动力。

同时，培养成长心态对于增强内驱力至关重要。这意味着将挑战视为成长和学习的机会，相信通过努力和学习可以不断进步。这种心态鼓励创业者保持对困难的好奇心和开放性，将每一次失败和挑战都看作自我提升的机会，从而在逆境中找到动力和灵感。

自我激励和自我奖励是提升内驱力的有效途径。通过设定可达成的短期目标，并在实现这些目标时给予自己一些小奖励，可以激发持续前进的动力。这种正向反馈循环不仅为日常的努力带来即时的满足感，也有助于维持长期的动力和热情。

此外，维持健康的生活方式对于保持高水平的内驱力同样重要。良好的身体健康和心理状态为追求长期目标提供了必要的支持。通过保持均衡的饮食、定期的体育活动和充足的休息，不仅能够提高生活质量，也为实现长远目标奠定了坚实的基础。

总而言之，通过深入了解自我、培养成长心态、实施自我激励和保持良好的生活习惯，个人创业者可以有效提升自己的内驱力。这种内在的动力是驱使他们不断前进、克服挑战并实现个人和职业目标的关键。

6.4.3　专注力：聚焦问题的关键

在快节奏、信息爆炸的现代社会，专注力成了个人创业者宝贵的资产。它是分辨重要任务、有效管理时间和资源的关键。然而，由于数字设备的普及和社交媒体的干扰，很多人发现自己难以保持专注，容易被琐碎的事务分散注意力。缺乏专注力不仅影响了工作效率，也阻碍了深入思考和创造性解决问题。

尤其对于一人公司创业者而言，一个人要处理很多细碎的工作，要提高效率，专注力就尤为重要。专注力强的人能够更好地管理自己的时间和精力，避免不必要的干扰，从而在有限的时间内实现更多的目标。此外，专注于手头的工作还能提高工作质量，促进创新思维，为创业成功奠定坚实的基础。

提升专注力，对于个人创业者来说，首先要意识到专注力对自己成功的关键性作用。很多创业者在初期非常容易分散注意力，什么都想尝试，看所有的项目都感觉是机会，不愿意取舍。然而，**注意力在哪里，结果就在哪里**。如果无法聚焦在一项业务上，那么很可能所有的尝试都会失败。

在创业过程中，会有很多伪装成机遇的陷阱，也会有很多看似是陷阱的机遇。对于信息和趋势的敏锐度，取决于你在一个行业扎根的深度。**聚焦在"一毫米的宽度、一万米的深度"去打磨自己的定位和产品服务，是最快"破圈"的方法，这个过程需要极强的专注力。**

训练和提升专注力需要从日常习惯做起。设定具体的工作和休息时间，利用技术工具帮助管理干扰，如使用应用程序屏蔽不必要的通知，或在特定时间内将手机设置为勿扰模式。同时，培养深度工作习惯，如每天安排一段无干扰的时间专注于最重要的任务，这样能够逐渐提高专注力的持久度和质量。比如，我会在每天上午专注于写作和学习，在这段时间里我不会安排咨询和培训活动，让自己每天有几个小时的整块时间，可以专注在最重要的事情上。

此外，专注力的提升也离不开健康的身心。适量的体育运动、充足的睡眠和健康的饮食，都能够提高大脑的专注力和整体工作效率。而冥想、瑜伽等静心活动，更是直接训练大脑专注力的有效方式，可以帮助创业者在纷扰中寻找内心的平静，从而更好地掌控自己的注意力。

提升专注力的过程也是自我发现的过程。通过不断实践和调整，个人创业者不仅能够找到最适合自己的提升专注力的方法，还能在这一过程中深入了解自己的工作方式、情感反应和内在需求。这种深度的自我认识，最终将转化为驾驭复杂创业环境、引领个人和业务向前发展的强大动力。

6.5　工具篇：计算自己的稳定收入

很多一人公司创业者觉得创业的收入是不稳定的，实际上当你具备了数据运营思维后，就可以根据流量新增数和每个阶段的转化率来预测自己的营业收入。假设你的销售转化路径是从公域自媒体引流添加微信，然后引导潜在客户预约咨询，再通过一对一咨询完成成交转化。如图 6-4 所示。那么当你的一人公司按照这个销售转化漏斗运营了一段时间，进入稳定期，就可以计算出每个阶段相对稳定的转化率，通过添加微信的流量数乘以转化率就可以预测营业收入。

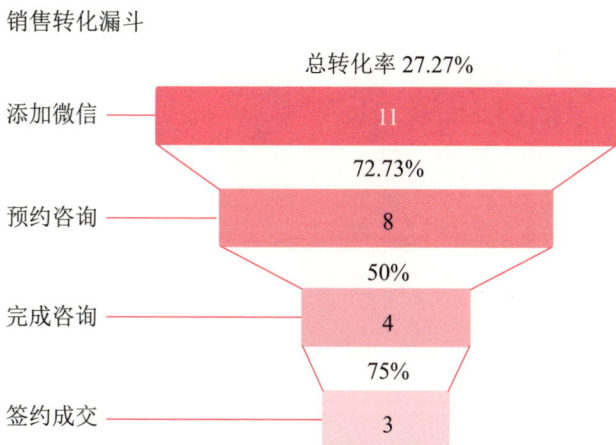

销售转化漏斗

总转化率 27.27%

添加微信	11
	72.73%
预约咨询	8
	50%
完成咨询	4
	75%
签约成交	3

图 6-4　销售转化漏斗示范

创业需要用数据说话，而不是凭感觉判断。一人公司创业者在设计了产品矩阵之后，要设计私域营销地图，还要根据业务来设计销售转化漏斗，这样就可以计算出自己的营收目标，知道如何通过有效的内容营销或渠道投放来获得更精准的流量，判断成交转化的哪一个环节还可以提升，从而做出最高效的努力，产出相对确定性的结果。

第七章

合作期：打造自运转的生态组织

一人公司由探索期、成长期、聚焦期、发展期、稳定期逐步走向合作期，标志着一人公司开始转变为一个自运转的生态组织，从单打独斗到构建一个能够自我维持、自我增长的生态系统。这一转变不仅解放了创始人的时间和精力，更让客户、合作伙伴甚至是客户之间形成深度的协作关系，共同促进组织的成长和发展。本章将详细阐述构建这样一个生态组织的具体策略和实践方法，帮助一人公司在合作期打造一个健康、可持续发展的生态组织。

7.1 用客户共创撬动营销杠杆

有人的地方，才有更多的可能性。在一人公司的生态里，客户不再是被动接受产品或服务的对象，而是可以参与到一人公司生态系统构建中的重要力量。通过借用每位客户的资源优势，激发他们产生可传播的内容，并搭建可供他们参与盈利的合作系统，一人公司能够打造出一个自增长、自循环的生态系统。这不仅增强了客户的品牌忠诚度，还能通过客户的网络和资源，拓展品牌的影响力和业务的边界。

7.1.1 借用每位客户的资源优势

不同于大企业里流水线式的产品服务交付方式，一人公司的短板在于无法批量化交付，然而这恰恰是一人公司的长处——提供更有温度和深度的服务，提高服务质量，满足个性化的需求。在与客户建立深度链接的过程中，不仅可以加深情感联系，还可以深入了解客户的资源优势，进一步挖掘客户在一人公司组织发展中可以参与和贡献的潜力，从而实现资源的高效整合与协同发展。

尤其是对于高客单价产品或服务来讲，每一位高净值客户就是一个自带资源的宝藏，如果能够利用每位客户的资源优势，一人公司在产品服务交付的过程中其实就已经在和客户建立起深度合作关系，从而借力客户资源促进业务发展。

例如，我开发的"潜力优势教练班"这一产品，就是通过邀请我的个人品牌私教中四位获得国际认证的教练共同打造完成的。她们分别负责学员的督导和教练班的交付环节。由于每位教练的定位、专长领域和教练风格各有不同，这种合作不仅丰富了课程内容，还使教练班的形式和呈现更加多元化。在我的个人品牌培训产品中，我也常邀请擅长自媒体运营的学员参与分享或带领内部训练营。这样的安排不仅为学员提供了展示自我、提升影响力的机会，也通过他们的参与增强了客户的黏性与课程的口碑，从而实现双赢。

借用每位客户的资源优势是一人公司在合作期构建生态组织的关键策略。一人公司创始人要深入理解每位客户的背景、专长和资源，然后创造性地探索如何将这些资源整合到自身的业务发展中。首先，创始人需要通过与客户进行深入的交流和沟通，发现他们除了对产品或服务的需求外，还可能拥有的行业联系、专业技能和其他形式的资源。例如，这位客户可能在媒体行业有着丰富的经验和关系网络，而另一位客户可能在技术开发上有着特别的造诣。

接着，创始人应评估如何将这些资源与一人公司的需求相匹配，从而创造双方都能从中获益的合作机会。这可能包括但不限于共同开发新产品、共同举办行业活动、通过客户的网络推广品牌等。借助客户的资源，一人公司不仅可以扩大自身的业务范围和市场影响力，还能将客户从单纯的消费者转变为品牌的合作伙伴和支持者。

对于一人公司的创业者而言，在合作期通常会有一个稳定的助理，而大多数创始人的助理是从自己的客户和学员中筛选的，因为这样的助理不仅和创始人有着深度的信任关系，还对一人公司的业务产品有足够的了解，合作沟通会更轻松。所以，在一人公司创立之初，创始人就要开始学着有效地挖掘客户的资源优势，为未来的业务稳定发展物色可以合作的人选。

让客户愿意参与到组织共建的关键是在整个过程中充分给予他们信任与关注，激发他们的参与热情。这需要认真倾听客户的意见和反馈，使其感受到被重视和认可，从而增强客户对组织的归属感，让他们意识到自己是业务发展的重要组成部分。同时，在合作项目中，还需通过合理的经济回报，体现客户的价值贡献，进一步巩固双方的合作关系与共赢基础。

7.1.2　让客户产生可传播的内容

在内容营销时代，客户说一句话抵我们自吹自擂一万句。因此，一定要让客户产生可传播的内容。

我在创立自由人生教练平台之初就建立了公众号，每个月都会收集学员的投稿，通过公众号去记录他们的学习收获和故事，同时我还设立了自由人生榜样人物，每个月会评选一位优秀学员上榜分享他的成长与收获。这个方法不仅帮我收集了非常多的客户口碑案例，还拥有了可以持续传播、增强潜在客户信任感的素材，这些都是一人公司的品牌资产。

如何让客户产生可传播的内容呢？最简单的方式就是记录客户的成长故事。例如，设立"每月最佳故事"征文比赛，鼓励客户分享他们使用产品或服务的经历、成果展示或个人成长故事。获奖者可以获得免费的服务升级、专属礼品或是下一次购买的优惠。这样不仅能够激发客户的创作热情，还能产生具有真实感和说服力的内容，进一步增强品牌的可信度和吸引力。

另一种策略是开设客户专栏或访谈系列，通过一人公司的官方平台（如网站、公众号、小红书、播客账号等）发布。这可以让客户从自己的角度出发，讲述与品牌互动的故事，分享个人见解和经验，这不仅为其他客户提供了有价值的参考信息，也让客户感到自己受到了重视和认可，从而加深与品牌的情感链接。

在这一过程中，一人公司可以提供内容创作指导、编辑支持甚至专业的内容生产工具，以降低客户创作的门槛，提高内容质量。同时，通过社交媒体和线上平台对这些内容进行推广，不仅能够提升品牌的在线可见度和影响力，还能够吸引与现有客户有相似需求和价值观的新客户，形成正向的品牌传播循环。

通过客户创作和分享的内容，一人公司能够建立起一个内容生态系统，其中每一位客户都是内容的创作者和传播者。这样不仅能有效利用客户的资源优势，还能通过客户之间的互动和内容共享，进一步加强社群的凝聚力，推动品牌的持续成长和发展。

7.1.3　搭建客户可分钱的合作系统

一个人的力量是有限的，如果你想创立的是一家"小而美"的公司，从一开始的时候就要有合作分钱的思维。让客户在学习和参与一人公司的组织运营中获得一些收益，激发他们更大的潜力，展现其优势，和你一起搭建合作系统。

在一人公司搭建的客户可分钱的合作系统中，可以通过多种方式实现收益共享，激励客户积极参与。以下是一些具体的实施方法。

（1）销售佣金制度

这是最直接的分钱方式。一人公司可以为参与销售的客户提供销售佣金，根据其带来的销售额或新客户数量来计算佣金。例如，客户推荐的每一位新客户成功购买产品就可以获得一定比例的销售提成。

（2）分红合作项目

针对某些特定项目，一人公司可以与客户建立合作关系，约定项目收益的分配比例。当项目完成并产生利润时，根据事先约定的比例分配收益。这种方式适合于需要特定技能或资源合作的项目。

（3）内容创作激励

鼓励客户参与内容创作，如撰写公众号、制作视频等，对于带来明显流量或销售贡献的内容，可以给予一定的奖励或分红。这样既丰富了公司的内容资源，又激励了客户的创作热情。

（4）转介绍奖励制度

设立客户转介绍奖励制度，为成功引入新客户的现有客户提供现金奖励或服务优惠。与销售佣金不同的是，客户只需要转介绍带入新流量，不需要完成销售，销售由专人负责。这种方式简单易行，易于操作，能有效激发客户转介绍的积极性。

（5）利润分享计划

对于参与产品开发、优化或市场推广的客户，一人公司可以设立利润分享计划，根据客户贡献和实际效果，给予一定比例的利润分享。

（6）VIP 客户股权激励

对于关键客户或长期合作伙伴，可以考虑通过股权激励的方式，让他们成为公司的小股东。这种方式虽然操作复杂，但能极大增强客户的忠诚度和参与感。

实施上述分钱方式，不仅可以激发客户的积极性，促进产品销售和品牌推广，还能加深一人公司与客户的合作关系，促进公司的发展。

7.2　建立自动化运转的合作流程

在一人公司的发展进入合作期时，建立自动化运转的合作流程变得尤为重要。对于一人公司而言，资源通常有限，创始人需要同时担任多个角色，从产品研发、市场营销到客户服务等各方面都需要亲力亲为。这不仅导致创始人的时间和精力被严重分散，也限制了企业的发展和扩张。

一人公司的创业地图包括产品、流量、销售、运营、合作。在合作这一环节，我又把一人公司可合作的业务划分为流量、销售、交付、运营四个模块。如图 7-1 所示，每一个模块都可以拆分出更细致的业务，从而根据需求寻找适合的合作伙伴。你也可以根据自己的一人公司业务进行这四个模块的拆解。

在流量、销售、交付和运营模块建立自动化运转的合作流程可以有效地解放一人公司创业者的时间和精力，其中主要涉及三个关键点：建立标准化知识库、设定去中心化的合作机制和使用线上合作协同工具。

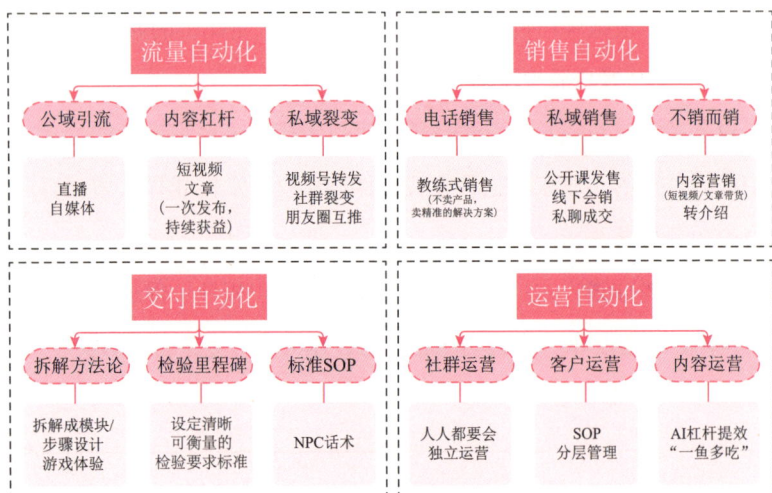

图 7-1　一人公司自运转系统示范

7.2.1　建立标准化知识库

即便是一人公司，随着业务量越来越大，交付的内容越来越多，运营的流程也会越来越复杂。如果没有标准化的思维，那么很容易成为"救火队员"，一会儿这里出问题，一会儿那里出岔子，不仅很难保证客户的交付满意度，还会让一人公司的创业者非常崩溃，时间和精力都用于细枝末节的事情上，导致关键业务上分身乏术。

对于一人公司来说，建立一个标准化的知识库至关重要，它不仅关系到运营效率和一致性，还可以促进合作伙伴的培训和提升远程工作效率。通过集中管理和共享重要的信息和数据，知识库帮助一人公司快速响应客户需求，确保所有合作伙伴，都能获取到最新、最准确的信息，从而提高整体工作效率。此外，对于采用了远程工作模式的公司，知识库是不可或缺的工具，它确保了信息的无缝传递，使合作伙伴可以在任何地点进行高效的协作。因此，投入时间和资源去建立和维护一个全面、及时更新的知识库，对一人公司来说是一项值得的长期投资。

从稳定期开始就要建立标准化的知识库，实现运营流程的标准化。知识库可以分成几个板块：内容、销售、交付、运营。

内容板块包括公司介绍、创始人故事、业务介绍、服务流程、客户案例。这些内容对外可以作为宣传材料使用，对内可以让新的合作伙伴快速了解公司。当合作伙伴或者兼职员工需要了解公司或业务相关信息的时候，只需要进入内容板块的知识库就可以快速找到和提取关键信息。

销售板块应包括售前和售后服务的标准化资料与话术。这些内容可以通过与客户的沟通总结提炼出来，重点关注客户经常询问的问题和需要反复解释的内容。将这些高频问题与解答整理为知识库，既能提高团队的沟通效率，又能提升客户体验的一致性和专业性。

交付板块涵盖客户付款后的全流程服务规划，包括明确的服务流程、各阶段的里程碑检验节点以及相关负责人的分工和职责。确保每个交付环节都清晰可见，同时建立标准化的操作指南，让新加入的成员可以快速上手，有序执行每项任务，从而保障客户服务的高质量落地和稳定性。

运营板块主要包括公域运营和私域运营。公域运营指各个自媒体平台的账号运营和粉丝运营，私域运营包含微信生态的社群、朋友圈、客户私信等运营。运营的工作效率和效果，很大程度上取决于是否有一套标准的流程。

有人可能觉得，一人公司要把业务分成这么多板块，是不是要聘请很多员工来做？那不就违背了一人公司的概念吗？实际上并非如此。随着人工智能的发展，每个公司的知识库都会成为宝贵的资产，试想一下把这些知识库"投喂"给 AI 大模型，你就可以拥有属于自己的 AI 助理，这个助理会通过学习你的知识库，全面了解你的业务，替代很多人工的工作。比如，AI 助理可以通过你的内容板块知识库帮你产出公众号文案和短视频脚本，可以通过你的销售知识库帮你做客户的售前、售后咨询沟通，可以通过你的交付知识库帮你的客户做方案规划，可以通过你的运营知识库帮你做好你的工作事务安排……因此，从现在开始赶紧建立自己的知识库，拥抱和迎接 AI 时代的到来。"小而美"的一人公司，一定是 AI 助力下的一个发展趋势。

7.2.2 设定去中心化的合作机制

一人公司并不意味着所有的事情都只能自己干，要学会合作和委托外包，可以让自己每天工作三小时。过去几年的一人公司、纯线上合作实践中，我只有一个稳定的助理，其他团队成员全是无底薪的合作形式。我从我的学员和客户中筛选了志同道合的合作伙伴，他们参与到我的项目中做自己喜欢和擅长的事，我根据交付结果支付他们合作的报酬。我从来不去管理他们，甚至我们每个月才开一次会，其他时间我们都鲜少交流，但他们每个人都是靠自己的责任心和内驱力超出我预期地完成了工作内容。

传统的合作是流水线式的，比如生产部门完成了生产，交给市场部门进行宣传推广，渠道部门进行销售，运营部门负责中台的管理运营……这样的形式必然需要许多沟通环节，一不小心就会由于信息差导致额外的工作量。传统的管理是中心化的，比如每个部门都有一位负责人，其他人按照负责人制订的计划去执行就可以了。这种管理会让员工只愿意做自己分内的事，失去了主动性和创造性。这是传统企业的运转逻辑。

而**一人公司的未来是去中心化的合作模式。**

一人公司之所以发展迅速，是因为有越来越多的人希望最大化发挥自己的天赋和价值，他们不满足于雇佣关系下的限制，而是希望按照自己的想法做自己喜欢的工作，同时可以灵活自由地生活。因此，**在一人公司的发展和合作形式上，每一个人都是一家公司，每一个人都具有完成工作的自主权，每个人为自己工作的结果负责。一人公司是青色组织的另一种表现形式。**

在现代商业环境中，去中心化的合作机制受到越来越多一人公司等小微型企业的欢迎。这种合作方式源于对传统中心化管理模式的反思，特别是对于那些追求灵活性、创新性和个性化服务的公司来说，去中心化不仅是一种选择，更是一种必然的发展方向。

首先，一人公司之所以需要去中心化的合作，是因为这种合作方式能够显著提高工作效率和反应速度。在去中心化的合作模式下，决策过程简化，每个合作伙伴都可以根据自己的专长和了解的情况直接做出反应，而不需要经过层层审批。这样不仅加快了决策速度，还能在面对市场变化时快速调整策略，从而保持竞争力。

其次，去中心化的管理方式相比传统管理具有更大的灵活性和个性化。一人公司通常拥有独特的业务模式和客户需求，传统的中心化管理模式往往难以满足其个性化和快速变化的需求。去中心化合作允许一人公司根据项目需要，快速组建跨领域的合作团队，充分利用各方的资源和优势，提供定制化的解决方案。

最后，去中心化的组织结构有助于激发创新和创造力。在这种结构中，每个合作伙伴都被鼓励提出自己的见解和创意，这种自下而上的创新机制，相比传统的自上而下的指令传递，能够产生更多创新的想法和解决方案。同时也鼓励试验和冒险，这对于追求创新的一人公司来说是极其宝贵的。

未来，商业世界将越来越依赖于快速的信息流动和高度的适应性，这使得去中心化的组织结构成为一种趋势。对于一人公司而言，采用去中心化的合作和管理模式，不仅可以提升竞争力，还能更好地应对快速变化的市场环境，同时为合作伙伴和客户创造更大的价值。随着技术的发展和工作方式的变革，去中心化将成为一人公司和小微型企业中日益流行的工作模式。

7.2.3　使用线上合作协同工具

我自己的一人公司里，几乎每一个环节都有标准化的流程（SOP）。我的助理从售前新加好友的话术、售后客户的对接话术、海报制作、社群运营等全部都有逐字稿的服务流程。我们教练班里的督导教练，在服务和辅导学员的过程中，从第一次预约沟通、开通课程服务、督导学习到邀请复盘等全部都有逐字稿的标准流程。我们的销售也是一样，所有的话术和沟通过程都是有框架的。这确保了在我的团队里，任何人离开了，也不会影响基本的业务运转，因为新人可以快速上手，并且能够根据 SOP 保证基本的工作质量。

我采用的是纯线上的业务模式，所以线上合作协同工具非常重要，这些标准化的流程可以确保大家同步更新、实时查看，尤其是协同文档起到了非常大的作用。同时，线上会议是业务运转的关键。在这方面，飞书、腾讯会议等线上协同工具提供了极大的便利，使得标准化流程的实施和团队协作变得更加轻松和高效。

　　飞书是一款集成了即时通信、视频会议、文档协作和项目管理等功能的全方位协同工作平台。其特色在于能够实现团队成员的无缝沟通与协作，让文件共享、任务分配和进度跟踪变得透明。例如，一人公司可以利用飞书的文档功能，创建和共享标准化服务流程文档，确保团队成员随时访问到最新的工作指南和 SOP。同时，飞书的日历功能可以帮助团队成员高效安排和管理工作与会议，而其集成的视频会议功能支持远程沟通与协作，让地理位置不再是工作的障碍。

　　腾讯会议作为另一款流行的线上会议工具，特别适合需要频繁开展远程视频会议的一人公司。它支持高清视频通话和实时屏幕共享，非常适合进行产品展示、远程培训和项目讨论。腾讯会议的稳定性和兼容性使得团队成员可以通过各种设备轻松接入会议，无论是电脑、手机还是平板，都能获得流畅的会议体验。

　　除了飞书和腾讯会议，国内还有许多优秀的线上协同工具，如钉钉、企业微信等，也提供了丰富的功能，帮助一人公司实现高效的团队协作和项目管理。选择合适的线上协同工具，可以让一人公司的运营更加系统化和自动化，提高工作效率，同时减少了人员变动对业务的影响。

　　此外，海外也有许多知名的线上协同工具，可以满足一人公司不同方面的需求。

　　对于一人公司而言，无论是国内还是全球市场，有效的线上合作和协同工具都是支撑业务运转的重要支柱。这些工具不仅帮助一人公司实现了业务流程的标准化和自动化，而且促进了团队成员之间的有效沟通和协作。以下是几款适合全球市场的知名线上协同工具，可以满足一人公司不同方面的需求。

Slack 是广受全球团队欢迎的即时通信平台，特别适用于日常沟通、项目讨论和文件共享。其强大的集成能力，能够与多种工作工具如 Trello、Asana、Google Drive 等无缝对接，为团队提供一个集中化的沟通和工作环境。Slack 的频道功能可以根据项目、话题或团队来组织交流，确保信息的高效传达和归档。

Zoom 是一款全球知名的视频会议工具，其以高清稳定的视频质量和简单易用的操作界面而受到人们的青睐。Zoom 支持一对一会议、小组讨论和大规模网络研讨会等多种形式，非常适合远程会议、客户演示和在线培训。其屏幕共享、实时互动和回放功能使得远程协作更加高效。

Trello 提供了一个灵活的项目管理平台，通过看板的形式来组织和追踪任务。每张任务卡片可以包含详细的描述、截止日期、附件和评论，便于团队成员了解任务进度和协作细节。Trello 凭借直观界面和灵活性成为管理项目流程和团队协作的理想选择。

Google Workspace 提供了一整套办公和协同工作工具，包括 Gmail、Google Drive、Docs、Sheets、Slides 等。这些工具支持实时协作和文件共享，非常适合进行文档编辑、数据分析和演示制作。Google Workspace 的云端存储和访问机制确保团队成员可以随时随地工作，大大提高了工作效率。

结合上述国内外的协同工具，一人公司可以根据自身业务需求和团队偏好，选择最合适的工具来优化工作流程和提高团队协作效率。无论是飞书、腾讯会议还是 Slack、Zoom，选择合适的线上协同工具，可以让一人公司的运营更加系统化和自动化，实现高效、灵活的业务运营。

7.3 一人公司合作团队的搭建

一人公司合作团队的搭建是实现业务增长和提高工作效率的关键步骤，但是一人公司的合作团队和传统企业的团队有着很大的不同。

7.3.1 适合一人公司的团队形式

对于一人公司来说，合作团队需要具备灵活性和高效性，因此，一人公司的合作团队通常围绕着轻资产和高度自主的合作模式构建。以下是几种适合一人公司的团队形式，旨在提高工作效率、减轻负担，同时保持业务上的灵活性和可扩展性。

（1）虚拟团队

一人公司可以通过搭建一个由远程工作者组成的虚拟团队来扩展其运营。虚拟团队成员可以在全球范围内任意位置工作，这种模式特别适合不需要面对面交流的工作，如编程、设计、内容创作、数字营销等。使用线上沟通和项目管理工具，如 Slack、Trello、Asana、飞书、腾讯会议、钉钉等，保持团队的沟通和协作。

（2）项目外包团队

对于特定项目或业务需求，一人公司可以选择将工作外包给专家或专业团队。这有助于一人公司将精力集中在增强核心竞争力上，同时借助外部专业知识完成其他任务。通过明确的项目合同管理外包工作，一人公司可以灵活地根据业务需要进行扩展或缩减。比如在国内常见的新媒体运营、KOL（关键意见领袖）营销外包。

（3）合伙人模式

寻找志同道合的合作伙伴共同发展，将合作伙伴视为业务的一部分。吸纳具有互补技能和资源的人成为合伙人，双方可以相互支持、共同进步。这种模式适合于需要密切合作和创意碰撞的业务场景，如产品开发、品牌建设等。区别于传统的股份合伙人，一人公司的合伙人模式可以设置为项目分红制合伙人。

（4）自由职业者网络

构建一个固定的自由职业者网络，把有一技之长的自由职业者收集到一人公司的合作资源库里，为公司提供定期或按需服务。通过建立稳定的合作关系，一人公司可以快速调动资源，响应市场变化。这适用于各种领域，如图形设计、视频制作、法律咨询等。

（5）社区和众包

利用社区和众包平台，如 GitHub、Dribbble 和 Upwork，根据项目需求招募合作伙伴。这可以帮助一人公司获得广泛的才能和创意，特别适合需要多样化想法和技能的项目。

（6）客户合作模式

将客户纳入产品开发或服务改进的过程中，让他们成为合作伙伴。通过客户的反馈和建议优化服务，不仅能提高客户满意度，还能增强客户的忠诚度和参与感。

在选择团队形式时，一人公司创始人应根据业务需求、资源情况和管理偏好来决定。灵活和有效的沟通机制是任何团队形式成功的关键。

7.3.2　一人公司合作伙伴的人才类型

为一人公司选择合作伙伴时，考虑合作伙伴的人才类型非常关键，因为这将直接影响到公司的业务发展和运营效率。对于大多数一人公司而言，所需要合作的人才类型大概分为以下几种。

（1）独立专家

独立专家指的是在某一特定领域拥有深厚专业知识和丰富实践经验的合作伙伴，能够提供专业咨询、解决方案，或独立完成特定任务。例如，法律、财务、人力资源等领域的专家。在选择独立专家时，一人公司应优先考虑那些能够提出创新解决方案并擅长应对复杂问题的专业人士。这类专家能够帮助公司在特定技术难题或行业挑战上制定高效的应对策略，从而显著提升公司的专业竞争力和市场认可度。在知识付费行业中，独立专家还可以作为课程的授课老师参与交付。他们的专业背景与权威资质不仅能够显著提升课程产品的内容质量，还能增强产品的市场口碑和品牌影响力，为公司赢得更多信任和关注。

（2）内容创作者

在内容营销时代，内容对于公司的业务宣传和品牌形象的塑造是非常重要的。擅长视觉设计、品牌形象打造、内容创作等的合作伙伴能够通过引人入胜的文章、视频或图像等吸引目标客户。在选择内容创作者时，重点在于其能够理解并传达一人公司的品牌理念，同时创造与目标受众产生共鸣的内容。一名成功的内容创作者不仅能提升品牌知名度，还能增强客户参与度和忠诚度。

（3）数字营销专家

随着互联网营销的重要性日益凸显，数字营销专家成为一人公司不可或缺的合作伙伴。这类人才擅长利用各种在线平台和工具来提高品牌的在线可见性和客户参与度，如精通搜索引擎优化（SEO）、社交媒体营销、内容营销等，能够帮助公司在数字空间获得更多曝光和客户。选择时，应考虑其在搜索引擎优化、社交媒体营销、电子邮件营销等方面的专业知识和实践经验。

（4）销售高手

在一人公司的商业模式中，销售环节是可以合作或外包的。销售合作伙伴了解市场需求，精通各种销售技巧和策略，可有效地将潜在客户转化为实际购买者。选择销售合作伙伴时，不仅要考虑其在客户关系建立、谈判技巧以及闭环销售等方面的能力，还要考虑他们是否有获取精准流量的渠道资源，因为销售的前提是获客，如果只是承接流量做销售转化，那么要注意保护公司流量的归属和数据信息的安全，避免合作期间或者合作终止后销售人员把公司流量和潜在客户带走的风险。

（5）技术开发者

对于依赖技术解决方案的一人公司，技术开发者是核心的合作伙伴。他们负责开发和维护公司的技术产品，如网站、应用程序或软件系统。在选择技术开发者时，不仅要考虑其技术技能和经验，还要评估其是否能够跟上最新的技术趋势，以及其解决问题和创新的能力。

（6）运营管理专家

运营管理专家擅长项目管理、客户服务、后台运营等优化日常运营流程，确保业务高效运行。在选择运营管理专家时，重点在于其在流程优化、成本控制和团队协调等方面的专业能力。优秀的运营管理人才能够通过高效的资源配置和流程管理，帮助一人公司节省成本，提高运营效率。

通过综合考虑各种人才的独特价值和一人公司的具体需求，一人公司创业者可以构建一支多元化、高效的团队，推动公司的发展。在筛选合作伙伴时，不仅要考虑其专业技能和经验，还要考虑其工作态度、沟通能力、合作意愿等因素。建立良好的合作关系，尤其是在一人公司模式下，合作伙伴的选择对公司的长远发展至关重要。此外，建议与合作伙伴签订明确的合作协议，以保护双方的权益，并确保合作的顺利进行。

7.3.3　一人公司的盈利分润结构

一人公司的商业模式和业务结构比较简单，除了项目合作和短期合作以外，在去中心化的长期合作的过程中可以根据图 7-1 所示的 4 个板块内容来设计盈利分润结构：流量、销售、交付、运营。

（1）流量

流量获客是所有生意持续发展的关键，一人公司创业者可以和不同的渠道和个体进行引流合作，让其推荐潜在客户获取流量分润。第一，可以和业务定位相符的自媒体博主合作。例如，你是做留学行业的，可以和留学生博主合作，让他们在分享自己留学申请和留学生活的内容时，将吸引来的潜在客户推荐到你的公司，成交后给他们分润。第二，可以和目标用户人群一致但业务不同的公司合作。例如，你是做少儿英语口语培训的，可以找做少儿绘本阅读的公司合作，因为他们的用户人群和你的用户人群是同一类人，只不过你们提供了满足这类人群不同需求的产品。第三，可以让老客户参与引流合作。老客户的推荐是引流转化最有效的方式，因为他们的亲身体验好评就是最好的产品口碑证明。当老客户反馈对产品很满意的时候，就可以推荐他们加入引流合作的队伍，鼓励他们推荐潜在客户添加你的微信，你或者销售人员来做成交转化，如果成功的话给老客户分润即可。

针对引流的分润模式，一种有效的策略是采用固定比例或阶梯式分成，即根据实际引流的效果，如所引入流量的大小、潜在客户的数量和质量等指标，设定合作伙伴的分润标准。例如，前10位引流成交的客户奖励成交总额的5%，后面引流成交的客户奖励成交总额的10%。或者根据每个月的引流数量进行阶梯式分成，这样的分润机制不仅能够明确合作伙伴努力的方向，更能确保其工作成果与获得的奖励之间保持公平与透明，从而形成一种积极向上的循环，不断吸引更多高质量的潜在客户。

（2）销售

一人公司的销售转化在创业初期一定是创始人亲自来做，因为只有创始人才最清楚自己的产品卖点和核心竞争力，向不同客户销售的过程也是一遍遍梳理产品和业务的过程。创始人在跑通了一人公司的销售转化逻辑之后，可以整理成SOP，然后培训和复制给销售团队。销售团队的最佳人选就是从自己的第一批客户中筛选和培养，因为他们体验过产品，陪伴创始人经历了产品的开发和迭代，因此他们对于一人公司的产品理念、创始人的价值观等有深入的了解，也能够结合自己的体验更好地进行销售。除此之外，也可以雇擅长销售的人进行兼职，只要公司的销售SOP和知识库足够强大，具备销售能力的人就可以快速上手，充分了解一人公司的业务和产品信息。

销售环节适合采用成果导向的分润模式，如销售额的固定比例分成。为了激励销售人员在特定时间内完成更高的业绩目标，可以制定达成不同目标的奖励机制。销售是直接产生收入的关键环节，合作伙伴在这一板块的工作直接关联到公司的收益。根据销售业绩进行奖励，能够鼓励合作伙伴积极推广产品。

（3）交付

在一人公司的良性发展中，交付环节最好由外包合作中具备专业能力的人来完成，这样创始人可以把更多的时间和精力放在一人公司整体的商业模式升级和品牌流量的建设上。和销售板块一样，初期阶段创始人需要先根据目标用户所需要的解决方案制订交付流程和计划，并且亲自跑通整个交付过程，验证交付设计的可行性和口碑效果，然后整理出标准化交付的 SOP，来复制给其他人完成交付。在这个过程中，需要设置可衡量的重要节点检验标准，确保交付的进度和结果。

交付质量直接影响客户的满意度和品牌口碑。因此，确保合作伙伴在交付过程中的专业性和效率至关重要，交付环节可以考虑成本加成或项目奖金的方式，或者把整个交付项目拆分成多个重要节点，完成一个重要节点就可以获得一定的收益，完成全部项目的交付并且达到一定的指标，就可以获得额外的收益奖励，以此确保合作伙伴提供高质量的服务或产品。

（4）运营

运营在一人公司的商业模式中具有非常重要的作用。运营板块内容可以按照公域和私域来区分。公域运营包含新媒体运营、短视频或文案内容运营、直播运营等。私域运营包含社群运营、客户运营、朋友圈运营等。一般在一人公司进入稳定期后，创始人会先聘用一名兼职的运营助理，一名创始人加一名助理是常见的一人公司的人员结构。这时候，助理的工作范围最好可以涵盖以上运营内容，实际上，很难找到能力如此全面的助理，通常情况下助理的工作范围会覆盖私域运营部分，那么公域运营就可以用合作外包的形式来完成。

运营板块因为涉及一人公司的整体运转效率，需要长期稳定的人员，因此适合采用固定月薪加绩效奖金的模式，运营工作对于维护客户关系、提升用户活跃度有着不可替代的作用，需要找一位和创始人理念价值观一致，并且非常细心和有耐心、愿意深度合作的伙伴。

在实施盈利分润结构时，一人公司创业者需要与合作伙伴充分沟通，明确各自的责任和期望，确保分润方案的透明度和公平性。同时，根据项目实际情况和市场反馈灵活调整分润模式，以适应不断变化的商业环境，实现公司的可持续发展。

7.4 一人公司创业者的自我修行

对于一人公司的创业者而言，个人的时间和精力无疑是公司运行中最为关键的资源。在创业初期，创始人往往需要全面介入业务的每一个环节，这种做法虽然在短期内能够确保业务的高度控制和迅速反应，但随着业务范围的扩大和运营复杂度的增加，过度的投入不仅会耗尽创始人的体力和精力，还可能阻碍公司的可持续发展与个人生活质量的提升。因此，当一人公司步入成熟的合作期后，创始人必须学会释放自己的时间和精力，要相信团队和适当放权，将自己的时间和精力聚焦到更重要的事情上。

创业是一条无终点的路，在这条路上永远有做不完的事，永远有更高的收益目标。 当你赚了10万元，你就想赚50万元，赚了50万元就想赚100万元，赚了100万元还想赚500万元，赚了500万元又想赚1000万元甚至更多……一人公司创业的路上，千万别走着走着就忘了自己当初的目标：通过做自己热爱的事情实现更自由和自主的生活方式。

7.4.1　创业者如何进行时间管理

时间管理是创业者必须面对的一个问题，一人公司创业前期创业者一个人就是一支队伍，所有的事情都要亲力亲为，即便业务进入稳定期之后也需要时刻关注市场的发展动态和公司的业务情况。因此，有效的时间管理非常重要。

有效的时间管理有两个前提，第一个前提是知道自己想实现的最重要的目标是什么，第二个前提是知道时间去哪儿了。

没有目标的时间管理是没有意义的。时间管理不是终极目标，而是一种工具，帮助我们高效地实现想要达成的目标。因此，始终聚焦于自己的长期目标才是时间管理的核心所在。当你清楚每个阶段对自己最重要的事情时，就能从纷繁复杂的任务中厘清优先级，不再因一长串的待办事项而感到焦虑。这样你可以果断舍弃那些与长期目标无关的事项，将当前不重要或不紧急的任务延后处理，从而专注于真正有价值的行动，稳步朝着目标前进。

一人公司创业者要做的工作很琐碎，如果无法给自己设定完整的时间段来工作，那么时间会被琐碎的任务占据导致工作效率极低。我每年都会买一个带时间轴的本子，摊开两页正好是一周的时间轴。每天我都会记录自己每一个时间段做了什么，工作的时间段用蓝色的笔标注，生活娱乐的时间段用黑色的笔标注，重要事项用红色的笔标注。如果有预约的会议和活动，我会提前用可擦笔把时间段标注在本子上，这样每天查看笔记本就不会遗漏预约的时间安排。这样的时间记录不仅可以通过一周的可视化笔记快速查看时间分配的情况，还可以通过记录感知哪个时间段自己的工作效率最高，有效地规划自己的工作时间段。这个习惯让我每天的时间安排都游刃有余，根据一段时间的记录，还可以找到自己习惯性的工作时间段和休息时间段，劳逸结合。

除此之外，像很多人一样，我也会给自己列出很长的任务清单，但**我每天只给自己设定一项重要紧急必须完成的任务**。每天我会把整块高效率的工作时间用来完成这项最重要紧急的任务。只要这项任务完成了，我都会嘉奖自己，会暗示自己最重要的事情已经完成了，我真是太棒了！而剩下的时间用来做重要的事情，只要再完成了其他事情就是赚到了，都是效率高的表现，都值得表扬自己。在这样积极的心理暗示下，我的工作效率和工作积极性越来越高。

许多人在时间管理上遇到问题，往往是因为陷入了一个负循环：不停地列任务→完不成任务→责备自己，随之压力不断增加。尽管脑子里想着要完成任务，潜意识里却因为恐惧与抗拒而拖延，结果效率越来越低。

解决这一问题的关键在于学会利用潜意识的力量，并通过积极的心理暗示打破这种恶性循环。我们需要用积极的自我对话替代内心的批评声，对自己有信任感。在我的创业过程中，这种方法起到了至关重要的作用。无论是在时间管理、目标管理，还是面对挑战时，提升自信心，积极的心理暗示都帮助我保持动力与专注，最终克服困难并取得突破。潜意识是一股强大的力量，学会与之合作，才能更轻松高效地实现目标。

此外，学会说"不"，对于创业者而言非常重要。不要接受那些与长期目标无关的任务或邀请。这不仅能帮助创业者节省时间，也能减少不必要的精神负担。在创业的路上，总会有各种各样看似是机遇，实际上与原始的创业目标和业务方向并不相关的事情，很多好奇心强的创业者很容易被这类事情吸引而分散注意力。每个人的时间和精力都是有限的，一人公司的创业者想要实现轻松自由的生活方式和持续增长的业务发展，一定要时刻保持聚焦，把注意力放在自己的长期目标上。

7.4.2　愿力和心力大于能力

普通人创业这件事，愿力和心力要大于能力。在我的教练班和个人品牌学员里，快速实现知识技能变现很容易，难的是持续赚钱。想要持续赚钱，需要持续观察市场和用户需求，持续迭代更新产品，持续营销获客，持续面对挑战和困难……需要强大的心力来支撑持续的行动力。

很多人并不是不知道怎么做成一件事，而是缺乏稳定的心力和行动力，要么急于求成，追求眼前的利益而忽略长期的目标，要么太在意别人的看法，容易因为别人的意见而自我怀疑，导致行动力受阻。

在创业旅程中，面对不断变化的市场环境、激烈的竞争态势以及各种未知的挑战，创业者的愿力和心力往往比技能和能力要重要。愿力即对目标的渴望和追求，心力则是面对困难和挑战时内心的坚韧和稳定。这两者的强大，能让创业者在遇到挫折时不轻易放弃，保持积极向上的心态，继续寻找解决问题的方法和机会。

纵观知名的创业者和企业家，都是经历过种种挫折依然保持强大的愿力和心力，可以持续行动、克服困难的人。日本知名企业家稻盛和夫说过："心不唤物物不至。"意思是如果你内心深处不真正渴望或相信某件事的实现，那么这件事很难成为现实。这句话强调了积极思考和坚定信念的重要性。稻盛和夫认为，一个人的内心态度、信念和期望能够极大地影响到他的行动和结果。如果你深信不疑并全身心地朝着某个目标努力，那么你会吸引到与之相匹配的机会和资源，从而实现目标。这种观念与个人成长理论中的"吸引力法则"相似，即你所关注的事物会在你的生活中显现，只要你内心的愿力足够强大。

心力则代表了一个人内在的精神力量和心理承受能力，包括毅力、决心、自我激励和面对困难时坚持不懈等精神品质。心力是支撑一个人面对挑战、克服困难、持续追求目标的关键内驱动力。

拥有强大心力的创业者能够更加客观地评估自己的处境，理性地分析问题，避免因情绪波动而做出冲动的决策。在创业的过程中，失败和挑战是不可避免的，保持自我觉察能力和积极的心态能帮助创业者接受这些不可避免的部分，从中吸取教训，而不是沉溺于失败的情绪中不能自拔。创业过程中的压力众多，包括资金的压力、业务发展的压力、个人生活的压力等。拥有强大的心力，创业者能够保持冷静，将这些压力转化为前进的动力，而不是让压力成为阻碍。

拥有强大的心力，最直观的体现就是积极乐观的心态和稳定的情绪。创业从来不是一个人的孤军奋战，而是需要与客户、合作伙伴，甚至竞争对手建立良好的关系。没有人愿意每天面对一个焦虑不安或愁眉苦脸的人。当创业者能够真正享受创业的过程，不论遇到什么挑战都能以积极乐观的态度面对时，这种从容自信的状态不仅能感染身边的人，还会为自己带来更多的机遇与好运。

强大的心力不是天生的，而是后天经过磨砺出来的，心力好比肌肉，需要经过练习和训练。每当遇到挑战和挫折的时候，可以告诉自己："太好了，又有一次成长和突破的机会。"每当面临困难和选择的时候，不用纠结，选最难的那条路，因为走上坡路总是辛苦的。

7.4.3　跳出完美主义陷阱

天下没有完美的事物，虽然很多一人公司创业者的初心和愿景是希望用自己热爱的事情给自己创造一份事业，但在真正的创业过程中，一定会面临一些不那么热爱的事情。无论是工作还是创业，总有些事你不喜欢，但不得不做。创业比上班更难，上班可以偷懒、可以推卸责任，而一人公司创业者必须承担起所有的工作职责，不得松懈半分，不断地给自己设定目标，不断地排除万难去实现目标，这就是创业的过程。

很多创业者失败，是各种原因导致的情绪内耗，让他们没有办法继续克服困难、持续达成目标。生活中时刻在发生一些事情，有些事情如你所愿，有些事情非你所愿，但事情本身是中性的，不同的是你看待它的方式和其在你内心的投射。我们每个人的内心才是最复杂的世界，高敏感的人群往往就是因为自己的"内心戏"太多而产生情绪内耗。**一人公司的本质是极简创业，一个人做自己热爱、擅长的事，为别人创造价值，其实底层逻辑就是这么简单。当我们想问题的思维方式可以简单一些，行动起来就不会有那么多的担忧和阻碍。**

我是一个非常简单直接的人，在创业几年的时间里，几乎没有情绪内耗的时候。我的学员和客户给我起了一个外号——"AI 霖子"。因为他们觉得我一直都很理性，做事效率很高，不受外界和情绪的影响。

其实我也有半夜失眠的时候，也有焦虑到吃不下饭的时候，但我的注意力专注在如何解决问题上，而不是放在自我怀疑和担心别人的看法上。所以即便我焦虑不安，也并不影响我持续行动去寻找解决问题的方法。

"世界就是一个巨大的草台班子"，每个人都在用自己的方式参与这场大戏。有的人其实并不是看起来那么完美和优秀，只不过他们足够自信和愿意展示自己。**无论你能赚多少钱，钱本身是没有价值的，它的价值在于可以购买不同的体验。**因此，我们的终极目标不是赚多少钱，而是尽可能地让自己在有限的生命里获得更多的体验。如果能够想明白这一点，就不会再害怕挫折和困难，而是把它们当成生命的一份礼物。

人生的修行和悟道，只有一条路可走，就是成为社会规则下的高级玩家。入世而不世俗，出世却能入俗。入世"搞钱"，但不执着于"搞钱"，出世求道，却能安然于世道。创业就是最好的入世修行。

这就是我的幸福人生和创业哲学，与君共勉。

后记

在写这本书时，我正好在开发一款适合个人创业者在私域使用的微信小程序——"超级主页"。过去几年的时间里，我遇到了非常多想用自己的知识技能变现的个人创业者，但市面上没有一个适合普通人使用的性价比高、功能简捷、去中心化的技术服务工具，所以当我发现了大家有这样一个需求时，我就萌生了打造这样一个技术工具的想法。也许因为我的愿力足够强大，只和我见过三次面的投资人苏光升，投钱、投人、投资源，不计回报地支持我开发了"超级主页"小程序的 1.0 版本。这让我感受到：**当你真正想做一件事，并且这件事是利他的，那么全世界都会来帮你。**

我不算是资深的创业者，但在我创业的这几年，我多次有"心想事成"的感觉。我想，这源自我一直很享受创业的过程，享受体验不同挑战的过程，积极乐观地面对和接纳一切。

我不是完美的创业者，我内向、社恐，大多数的时间都"宅"在家里，不喜欢主动社交。我也没有太多管理经验，不善于传统的团队管理。也许正因为如此，我更容易排除社交干扰，聚焦自己想做的事，同时更理解去中心化的、平等的合作理念。

作为一名白手起家、原本就一无所有的创业者，我从不担心失败，没有什么会因为创业失败而失去，我已经赚到了人生宝贵的体验，这就是最大的财富。

作为一个用知识技能创业、热爱学习的人，我觉得创业就是最快的成长和学习方式，不论结果如何，都不亏。

当然，我有足够的勇气去做自己想做的事，要感恩我的父母和我的伴侣。我的父母给了我一个温暖有爱的原生家庭，他们在我成长的过程中给了我足够的独立和自由空间，让我可以选择自己想要的人生，即便在我结婚后辞职出国的决定上，他们也没有阻拦和干涉。我的伴侣陈凌寒同样给了我足够的安全和自由空间，他尊重我的一切决定，也用实际行动承担起了家庭的责任。

也要感谢我的一人公司去中心化的团队，我们的商业教练子涵、Xenia、陈放、Yaya，督导教练娟子、曼珞、千和、索索，文案教练如意，视觉设计教练彦云，运营助理家琪和小管家木木。还有我们"自由人生教练"平台所有的合伙人和学员，是你们无私地陪伴和支持着我的创业梦想，和我一起走在助力更多人实现自由人生的路上。

在毕业十几年的时间里，我经历过多次职业探索和转型，才在30多岁通过一人公司创业的方式，用热爱和擅长的事给自己创造了一份事业，也许这不是我职业生涯的终局，对于未来，我始终满怀着好奇，也拥抱变化。我坚信，一人公司的时代已经到来，会有越来越多的普通人用热爱的事给自己创造一份事业，实现理想的自由人生。希望这本书，能够助力你的梦想早日实现。

如同我的第一本书的结尾，这里还是我的座右铭，送给你：**人生有无限可能，我不愿画地为牢。**